Berlitz

Chinês
Cantonês

Guia de conversação

Tradução
Verena Veludo Papacidero

martins fontes
selo martins

© 2016 Martins Editora Livraria Ltda., São Paulo, para a presente edição.
© 2007 Berlitz Publishing/APA Publications (UK) Ltd.
Esta obra foi originalmente publicada em inglês sob o título *Cantonese Chinese Phrase Book & Dictionary* por APA Publications Ltd.

Todos os direitos reservados.
Berlitz Trademark Reg. US Patent Office and other countries. Marca Registrada.
Used under license from Berlitz Investment Corporation.

Interior Photos: David Henley/APA 1, 41, 108, 119; Alex Havret/APA 14, 16, 21, 29, 50, 58, 62, 65, 67, 69, 73, 75, 81, 95, 97, 98, 111, 131; Ming Tang-Evans/APA 56, 86; A Nowitz/APA 84, 93, 94; Sylvaine Poitau/APA 89; Corrie Wingate/APA 90; Brice Minnigh/APA 105, 133; iStock 136, 139, 141, 142, 148, 150, 154; James Macdonald/APA 168

Publisher: Evandro Mendonça Martins Fontes
Coordenação editorial: Vanessa Faleck
Produção editorial: Susana Leal
Tradução: Verena Veludo Papacidero
Tradução da tabela de pronúncia: Zeng Danli (曾丹莉)
Capa (adaptação): Douglas Yoshida
Preparação: Lucas Torrisi
Revisão: Renata Sangeon

Dados Internacionais de Catalogação na Publicação (CIP)
(Câmara Brasileira do Livro, SP, Brasil)

Chinês cantonês : guia de conversação / Berlitz
Publishing ; [tradução Verena Veludo Papacidero].
Martins Fontes - selo Martins, 2016.

Título original: Cantonese Chinese Phrase Book & Dictionary.
ISBN: 978-85-8063-299-6

1. Chinês cantonês - Estudo e ensino 2. Chinês -
Vocabulário - Português 3. Chinês - Vocabulários e
manuais de conversação - Português I. Berlitz
Publishing.

16-06892   CDD-495.1

Índices para catálogo sistemático:
1. Chinês para brasileiros : Português 495.1

Todos os direitos desta edição reservados à
Martins Editora Livraria Ltda.
Av. Doutor Arnaldo, 2076
01255-000 São Paulo/SP
Tel: (11) 3116 0000
info@emartinsfontes.com.br
www.emartinsfontes.com.br

Sumário

Pronúncia	7	Vogais finais	8
Consoantes iniciais	8	Como usar este livro	13

Expressões básicas

Chegada e partida	**16**	Estacionando	38
O ESSENCIAL	16	Falhas e reparos	39
Controle de imigração	16	Acidentes	39
Dinheiro	**18**	**Onde ficar**	**40**
O ESSENCIAL	18	O ESSENCIAL	40
No banco	19	Um lugar para ficar	41
		No hotel	41
Indo e vindo	**21**	Preço	42
O ESSENCIAL	21	Preferências	43
Bilhetes	22	Perguntas	43
Avião	23	Problemas	45
Transferência no aeroporto	23	*Check-out*	46
Check-in	25	Aluguel	45
Bagagem	26	Itens domésticos	47
Encontrando seu destino	27	No albergue	48
Trem	27	Acampando	49
Embarques	28		
A bordo	28	**Comunicando-se**	**50**
Ônibus	29	O ESSENCIAL	50
Metrô	30	*On-line*	52
Barco e balsa	32	Redes sociais	53
Táxi	33	Telefone	53
Bicicleta e motocicleta	35	Etiqueta ao telefone	56
Aluguel de carro	35	Fax	57
Posto de gasolina	36	Correio	57
Como perguntar o caminho	37		

À mesa

Saindo para comer — 60
- O ESSENCIAL — 60
- Onde comer — 61
- Reservas e preferências — 63
- Como fazer o pedido — 64
- Métodos de preparo — 65
- Restrições alimentares — 66
- Refeições com as crianças — 67
- Como reclamar — 67
- Pagando a conta — 68

Refeições e preparo — 69
- Café da manhã — 69
- Entradas — 71
- Sopas — 72
- Peixes e frutos do mar — 72
- Carnes e aves — 7
- Vegetais e orgânicos — 7
- Frutas — 7
- Sobremesas — 7
- Molhos e temperos — 7
- No mercado — 7
- Na cozinha — 7

Bebidas — 8
- O ESSENCIAL — 8
- Bebidas não alcoólicas — 8
- Aperitivos, drinques e licores — 8
- Cervejas — 8
- Vinhos — 8

No menu — 8

Fazendo amigos

Conversação — 96
- O ESSENCIAL — 96
- Dificuldades com a língua — 97
- Fazendo amigos — 98
- Falando sobre a viagem — 99
- Assuntos pessoais — 100
- Trabalho e estudos — 100
- Clima — 101

Fazendo amigos — 1
- O ESSENCIAL — 1
- O jogo da conquista — 1
- Aceitando ou rejeitando — 1
- Ganhando intimidade — 1
- Preferências sexuais — 1

Sumário

Pontos turísticos

Pontos turísticos	**106**	Tecidos	121
O ESSENCIAL	106	Calçados	122
Informações turísticas	106	Tamanhos	122
Fazendo uma excursão	103	Banca de jornal e tabacaria	123
Visitando lugares	108	Fotografia	124
Locais religiosos	110	*Souvenirs*	124
Compras	**111**	**Esportes e lazer**	**126**
O ESSENCIAL	111	O ESSENCIAL	126
Nas lojas	112	Assistindo a jogos	126
Falando com um funcionário	113	Praticando esportes	127
Preferências	114	Na praia/piscina	128
Pagando e pechinchando	115	Esportes de inverno	129
Fazendo uma reclamação	116	Pelo país afora	130
Serviços	116		
Cabelo e beleza	117	**Saindo**	**132**
Antiquários	118	O ESSENCIAL	132
Vestuário	118	Entretenimento	133
Cores	119	Vida noturna	133
Roupas e acessórios	120		

Situações especiais

Viagem de negócios	**136**	Necessidades do bebê	140
O ESSENCIAL	136	Babás	141
Em negócios	137	Saúde e emergências	141
Viajando com crianças	**139**	**Viajantes com necessidades**	
O ESSENCIAL	139	**especiais**	**142**
Fora de casa	139	O ESSENCIAL	142

Pedindo ajuda 143

Situações de emergência

Emergências	**145**	Farmácia	1
O ESSENCIAL	145	O ESSENCIAL	1
		O que tomar	1
Polícia	**146**	Suprimentos básicos	1
O ESSENCIAL	146		
Crimes e Achados e Perdidos	147	**Vocabulário básico**	**1**
		Gramática	1
Saúde	**148**	Números	1
O ESSENCIAL	148	O ESSENCIAL	1
Encontrando um médico	148	Números ordinais	1
Sintomas	149	Horas	1
Condições	149	O ESSENCIAL	1
Tratamento	150	Dias	1
Hospital	151	O ESSENCIAL	1
Dentista	152	Datas	1
Ginecologista	152	Meses	1
Oftalmologista	153	Estações do ano	1
Cobranças e seguros	153	Feriados	1

Dicionário

Português-Cantonês 169 Cantonês-Português

Pronúncia

O sistema de romanização da pronúncia amplamente utilizado para o idioma cantonês é o Yale. Esse sistema é usado ao longo deste livro. Nem todas as letras ou combinações de letras são pronunciadas como em português.

A seguir, apresentamos o guia de pronúncia do cantonês.

Além do alfabeto latino, o sistema Yale também utiliza o recurso de marcação dos tons, os quais representam os seis tons do idioma cantonês.

Tons	Marcação	Descrição	Exemplo	Ideograma	Tradução
1º	¯	tom alto e nivelado	sī	絲	seda
2º	´	tom alto ascendente começa em nível médio e sobe	sí	史	história
3º		tom de nível médio; neutro, átono	si	試	tentar
4º	` h	tom baixo e descendente; começa em nível médio e desce forte e agudo	sìh*	時	tempo
5º	´ h	tom baixo e ascendente; começa em nível baixo e sobe para o nível médio	síh*	市	cidade
6º	h	tom baixo e nivelado	sih*	事	assunto, negócios

Um "h" é colocado depois da vogal para indicar tom baixo.

Consoantes iniciais

Símbolo	Pronúncia Aproximada	Exemplo	Romanização d Pronúncia (Yal
g	como "g" em "legal" (o som não muda quando ao lado de "e", "i")	街	gā
wg	como "gu" em "água"	貴	gwai
h	como "r" em "rapaz" (som feito levemente com a garganta)	蝦	hā
k	como "k" em "karatê" (som de "k" aspirado)*	卡	kā
kw	como "qu" em "queijo" (som de "qu" aspirado)*	群	kwàhn
ch	como "tch" em "tchau"	叉	chā
j	como "z" aspirado*	炸	m
m	como pronuncia "m"	唔	kā
ng	como pronuncia "ã" sem som de "a", só com o som nasal	我	ngóh
p	como "p" aspirado*	爬	pá
t	como "wh" em "whatsapp"	睇	taí
w	como "p" aspirado*	話	wah
y	como "y" em "yakissoba"	一	yāt

* Som aspirado significa que se sopra ar pela boca ao pronunciar.

As letras b, d, f, l, m, n, s, são pronunciadas geralmente como em português

Vogais finais

1- As consoantes de "k", "t", "p" que constituem as vogais finais são pronunci. dos em som aspirado, soltando o ar pela boca ao se pronunciar.

2- As vogais finais que terminam em consoantes, menos "n" e "ng", sempre s● pronuncia a consoante final levemente.

Pronúncia

Símbolo	Pronúncia Aproximada	Exemplo	Romanização da Pronúncia (Yale)
a	como "a" inicial em "abelha"	沙	*sā*
e	como "e" em "céu"	遮	*jē*
eu	similar à pronúncia de "e", fazendo "u" com a boca	靴	*hēu*
i	como "i" em "igreja"	紙	*jí*
o	como "o" em "pó"	我	*ngóh*
u	como "u" em "uva"	苦	*fú*
yu	similar à pronúncia de "i", fazendo "u" com a boca	書	*syū*
ai	como "ai" em "bairro" (som de "a" fechado)	雞	*gāi*
au	como "au" em "mau" (som de "a" fechado)	夠	*gau*
am	como "am" em "ambos"	心	*sām*
an	como "an" em "andar"	身	*sān*
ang	como o som de "an" em "andar", mas não nasalisado, no qual se termina com a boca aberta	史	*sāng*
ap	como "ap" em "apto" (som de "a" fechado)	十	*sahp*
at	como "a"+"t" (som de "a" fechado)	實	*saht*
ak	como "ac" em "acne" (som de "a" fechado e som de "c" aspirado)	得	*dāk*
aai	como "ai" em "bairro"	街	*gāai*
aau	como "au" em "mau"	教	*gaau*
aam	como "am" em "ampola"	三	*sāam*
aan	como "an" em "anta"	山	*sāan*

Símbolo	Pronúncia Aproximada	Exemplo	Romanização da Pronúncia (Yale)
aang	como o som de "an" em "anta" mas não nasalisado, no qual se termina com a boca aberta	行	*hàahng*
aap	como "ap" em "apto"	垃	*laahp*
aat	como "a"+"t"	辣	*laaht*
aak	como "ac" em "acne" (som de "c" aspirado)	肋	*laahk*
ei	como "ei" em "eixo"	記	*gei*
eng	como o som de "en" em "enquanto", mas não nasalisado, no qual se termina com a boca aberta	靚	*leng*
ek	como "ec" em "beco" (som de "c" aspirado)	隻	*jek*
eui	como "oi" em "oito"	去	*heui*
eut	como "eu" (similar à pronúncia de "a" fechado, fazendo "o" com a boca) + "t"	出	*chēut*
eun	como "eu" (similar à pronúncia de "a" fechado, fazendo "o" com a boca) + "n" (som nasal)	信	*seun*
eung	como "eun", não nasalizado, no qual se termina com a boca aberta	香	*hēung*
euk	como "eu" (similar à pronúncia de "e", fazendo "u" com a boca)+"k"	腳	*geuk*
iu	como "iu" em "abriu"	笑	*siu*
im	como "im" em "impacto"	甜	*tìhm*
in	como "in" em "indo"	天	*tīin*

Símbolo	Pronúncia Aproximada	Exemplo	Romanização da Pronúncia (Yale)
ing	como o som de "in" em "indo", mas não nasalisado, no qual se termina com a boca aberta	星	sīng
ip	como "i"+"p"	涉	sip
it	como "i"+"t"	洩	sit
ik	como "ic" em "icto" (som de "c" aspirado)	識	sīk
ou	como "ou" em português	好	hóu
oi	como "ói" em "rói" português	開	hōi
on	como "ō" em português	乾	gōn
ong	como "ō", mas não nasalisado, no qual se termina com a boca aberta	江	gōng
ot	como "ot" em "ótimo"	渴	hot
ok	como "oc" em "octogésima" (som de "c" aspirado)	各	gok
ui	como "ui" em "fui"	杯	būi
ut	como "u"+"t"	闊	fut
un	como "un" em "junto"	半	bun
ung	como o som de "un" em "junto", mas não nasalisado, no qual se termina com a boca aberta	中	jūng
uk	como "u"+"k"	讀	duhk
yun	como "yu"+"n" (com som nasal)	院	yún
yut	como "yu"+"t"	月	yuht

O idioma cantonês é falado em Hong Kong, Macau e nas províncias de Guangdong e Guangxi. Existem aproximadamente 64 milhões de falantes de cantonês no mundo. Os falantes do cantonês também podem ser encontrados na Malásia, no Vietnã, na Cingapura, na Indonésia e entre os imigrantes chineses ao redor do mundo. Embora os falantes do cantonês leiam e escrevam em ideogramas chineses, a estrutura da sentença, a pronúncia e, em certa medida, a gramática e o vocabulário são peculiares no idioma cantonês. Isso significa que os falantes do cantonês falam de uma maneira (dialeto cantonês), mas escrevem de outra maneira (ideogramas chineses).

A escrita chinesa não utiliza combinações de letras, mas de ideogramas. Cada ideograma representa uma sílaba do idioma chinês, e mais de 80% dos ideogramas chineses são, na verdade, compostos por dois ou mais ideogramas.

A forma de escrita chinesa pode ser tradicional ou simplificada. Historicamente, a forma de escrita tradicional é usada em Hong Kong e Taiwan. A forma de escrita tradicional tem mais traços e é escrita verticalmente, em colunas da direita para a esquerda, ou horizontalmente, da esquerda para direita. Neste livro, é utilizada a forma de escrita tradicional dos ideogramas.

Como usar este livro

> Em alguns casos, você pode encontrar duas alternativas separadas por barra. Escolha a mais apropriada para a sua situação.

O ESSENCIAL

Eu estou de férias/em viagem de negócios.	我依家度假/出差。 *ngóh yìh gā douh ga/chēut chāai*
Eu vou para...	我要去去… *ngóh yiu heui...*
Eu estou hospedado no hotel...	我住喺…酒店。 *ngóh jyuh hái... jáu dim*

> As palavras que você poderá ver são apresentadas nos quadros "Você pode encontrar".

VOCÊ PODE ENCONTRAR...

抵達 *dái daaht*	desembarque
離境 *lèih gíng*	embarque
認領行李 *yihng líhng hàhng léih*	esteira de bagagem

> Qualquer uma das palavras ou frases listadas abaixo pode ser conectada à sentença anterior.

Um lugar para ficar

Você poderia recomendar...?	你可唔可以介紹…? *néih hó m hó yíh gaai siuh...*
um hotel	一間酒店 *yāt gāan jáu dim*
um albergue	一間旅舍 *yāt gāan léuih se*
um parque de campismo	一個營地 *yāt go yìhng deih*

As frases em ideogramas são exibidas em roxo.

Leia a romanização da pronúncia do cantonês como se estivesse em português. Ver pronúncia na página 7.

Pessoal

Quantos anos você tem? 你幾大年紀? *néih geí daaih nihn geí*
Eu tenho... 我… *ngóh…*
Você é casado(a)? 你結咗婚未? *néih git jó fān meih a*
Eu sou/estou... 我… *ngóh…*
  solteiro(a)/em um relacionamento sério 單身/有固定朋 *dāan sān/yáuh gu dihng pàhng yáuh*
  noivo(a)/casado(a) 訂咗婚/結咗婚 *dihng jó fān/git jó fān*
  divorciado(a)/separado(a) 離咗婚/分咗居 *lèih jó fān/fān jó gēui*
  viúvo(a) 老公 *m*/老婆 *f* 過咗身 *lóuh gūng//lóuh pòh ?gwo jó sān*

Para *Números*, ver página 160.

As palavras e frases relacionadas podem ser encontradas na página indicada.

Quando são apresentados diferentes gêneros, a forma masculina é seguida por *m*; e a feminina, por *f*

É cortês dirigir-se a pessoas usando: 先生 *sīn sāang* (senhor), 女士 *néuih sih* (senhora).

Os quadros de informações contêm dicas relevantes sobre o país, a cultura e a língua.

As expressões que você poderá ouvir são apresentadas nos quadros "Você pode ouvir".

VOCÊ PODE OUVIR...

我講少少英文。 Eu falo um pouco de inglês.
ngóh góng síu síu yīng màhn
我唔識講英文。 Eu não falo inglês.
ngóh m sīk góng yīng màhn

As barras laterais coloridas identificam as seções do livro.

Expressões básicas

Chegada e partida	16
Dinheiro	18
Indo e vindo	20
Onde ficar	40
Comunicando-se	50

Chegada e partida

O ESSENCIAL

Eu estou de férias/em viagem de negócios.	我依家度假/出差。	*ngóh yìh gā douh ga/chēut chāai*
Eu vou para...	我要去…	*ngóh yiu heui...*
Eu estou hospedado no hotel...	我住喺…酒店。	*ngóh jyuh hái...jáu dim*

VOCÊ PODE OUVIR...

唔該護照。 *m gōi wuh jiu*
你嚟嘅目的係乜野？ *néih làih ge muhk dīk haih māt yéh*
你住喺邊度？ *néih jyuh hái bīn douh*

你留幾耐？ *néih làuh géi noih*

邊個同你一齊嚟？ *bīn go tùhng néih yāt chàih làih*

Seu passaporte, por favor.
Qual é o objetivo de sua visita?
Onde você está hospedado?
Quando tempo você ficará hospedado?
Quem está com você?

Controle de imigração

Eu estou apenas de passagem.	我淨係過境。	*ngóh jihng haih gwo gíng*
Eu gostaria de declarar...	我想申報…	*ngóh séung sān bou…*
Eu não tenho nada a declarar.	我唔使申報。	*ngóh m sái sān bou*

VOCÊ PODE OUVIR...

使唔使申報？ *sái m sái sān bou*
呢件野你要畀稅。 *nī gihn yéh néih yiu béi seui*
唔該你打開呢個袋。 *m gōi néih dá hōi nī go dói*

Algo a declarar?
Você deve pagar imposto sobre isto.
Abra esta sacola.

Para entrar na China, cidadãos estrangeiros devem possuir passaporte e visto válido, emitido pelas autoridades chinesas. Para grupos turísticos, devem ser emitidos vistos de grupos; nesse caso, a documentação deve ser tratada pela agência de turismo.

Antes de entrar na China, você deve preencher uma declaração com a lista de quaisquer bens de valor que estejam em sua posse. Ao deixar a China, poderão solicitar que você mostre que esteja levando consigo os bens que foram listados na declaração, com exceção dos itens declarados como presentes. Entre em contato com o consulado para informações sobre obtenção de visto, requisitos de saúde e recomendações ao viajante.

VOCÊ PODE ENCONTRAR...

海關 *hói gwāan*	alfândega
免稅物品 *míhn seui maht bán*	itens com isenção de impostos
申報物品 *sān bou maht bán*	itens a declarar
不需要申報 *bāt sēui yiu sān bou*	nada a declarar
護照檢查 *wuh jiu gím chàh*	controle de imigração
警員 *gíng yùhn*	policial

Dinheiro

O ESSENCIAL

Onde fica...?	⋯⋯嘅邊度？ *...hài bin douh*
o caixa eletrônico	自動提款機 *jih duhng tàih fún gēi*
o banco	銀行 *ngàhn hòhng*
a casa de câmbio	貨幣兌換處 *fo baih deui wuhn chyu*
Quando o banco abre/fecha?	銀行幾時開門/閂門？ *ngàhn hòhng géi sìh hōi mùhn/sāan mùhn*
Eu gostaria de trocar dólares/libras para dólares de Hong Kong.	我想將美金/英鎊換成港紙。 *ngóh séung jēung méih gām/yīng bóng wuhn sìhng gong jí*
Eu gostaria de sacar alguns *travel checks*	我想將旅行支票換成現金。 *ngóh séung jēung léuih hàhng jī piu wuhn sìhng yihn gām*

No banco

Eu gostaria de trocar dinheiro/receber um adiantamento em dinheiro	我想換錢/預支現金。	*ngóh séung wuhn chín/ yuh jī yihn gām*
Qual é a taxa/tarifa de serviço de câmbio?	外幣兌換率/費係幾多？	*ngoih baih deui wuhn léut/fai haih géi dō*
Acho que há um erro.	我覺得錯咗。	*ngóh gok dāk cho jó*
Eu perdi meus cheques de viagem.	我唔見咗旅行支票。	*ngóh m gin jó léuih hàhng jī piu*
Meu cartão de crédito...	我嘅信用卡…	*ngóh ge seun yuhng kāat…*
foi perdido	唔見咗	*m gin jó*
foi roubado	畀人偷咗	*béi yàhn tāu jó*
não funciona	唔用得	*m yuhng dāk*
A caixa eletrônico engoliu meu cartão.	自動取款機食咗我嘅信用卡。	*jih duhng tàih fún gēi sihk jó ngóh ge seun yuhng kāat*

O dinheiro em espécie é a forma preferida de pagamento na China. No entanto, a maioria dos cartões de crédito é aceita em shoppings, lojas e bancos em Hong Kong e outras grandes cidades da China. Nos locais onde são aceitos pagamentos com cartão de crédito, há o símbolo do cartão de crédito em um lugar visível.

Os cheques de viagens são aceitos na maioria dos grandes bancos, mas você deve pagar uma tarifa de serviço para descontá-los. Guarde o recibo do banco onde os cheques de viagem foram descontados, caso você precise mostrá-los. É possível trocar dinheiro na maioria dos bancos e em algumas lojas grandes.

VOCÊ PODE ENCONTRAR...

插入信用卡 *chāap yahp seun yuhng kāat*	insira o cartão
取消 *chéui sīu*	cancelar
清除 *chīng chèuih*	apagar
進入 *jeun yahp*	entrar
密碼 *maht máh*	senha
取款 *chéui fún*	saque
從支票帳戶取錢 *chùhng jīpiu wu háu chéui chín*	da conta-corrente
從儲蓄帳戶取錢 *chùhng chyú chūk wuh háuh chéui chín*	da conta poupança
收據 *sāu geui*	recibo

A moeda chinesa é o 人民幣 *yàhn màhn baih* (Ren Min Bi, RMB), literalmente "a moeda do povo", não comercializada fora da China. A moeda usada em Hong Kong é 港幣 *góng baih* (dólar de Hong Kong). A unidade monetária do dólar de Hong Kong é 蚊 *mān* (dólar), que é dividido em 毫子 *hòuh jí* (dez centavos). Os valores das notas são 10, 20, 50, 100, 500 e 1.000 dólares; os valores das moedas são 1, 2, 5 e 10 dólares, e 1 *hòuh jí*, 2 *hòuh jí*, 5 *hòuh jí*. Um dólar equivale a 10 *hòuh jí*.

Indo e vindo

O ESSENCIAL

Como ir para...?	我點去…？ ngóh dím heui…
Onde fica...?	…喺邊度？ …hái bīn douh
o aeroporto	機場 gēi chèuhng
a estação de trem	火車站 fó chē jaahm
a estação de ônibus	巴士站 bā sí jaahm
a estação de metrô	地鐵站 deih tit jaahm
Qual é a distância para...?	…有幾遠？ …yáuh géi yúhn
Onde eu posso comprar uma passagem?	我喺邊度買飛？ ngóh hái bīn douh máaih fēi
Uma passagem só de ida/ida e volta para...	一張去…嘅單程/雙程飛 yāt jēung heui… ge dāan chìhng/sēung chìhng fēi
Quanto custa?	幾多錢？ géi dō chín
Qual...?	邊…？ bīn…
portão	個閘口 go jaahp háu
fila de espera	條線 tìuh sin
plataforma	個月台 go yuht tòih
Onde eu posso pegar um táxi?	我喺邊度可以搵到的士？ ngóh hái bīn douh hó yíh wándóu dīk sí
Leve-me para este endereço.	將我送到呢個地址。jēung ngóh sung dou nīgo deih jí
Posso comprar um mapa?	我可唔可以買一張地圖？ ngóh hó m hó yíh máaih yāt jēung deih tòuh

Bilhetes

Quando sai o ... para Tsim Sha Tsui?	去尖沙咀嘅⋯係乜野時間？ *heui jīm sā jéui ge...haih māt yéh sìh gaan*
o (primeiro) ônibus	（第一班）巴士 *(daih yāt bāan) bā sí*
o (próximo) voo	（下一班）飛機 *(hah yāt bāan) fēi gēi*
o (último) trem	（最後一班）火車 *(jeui hauh yāt bāan) fó chē*
Onde eu compro passagens?	我喺邊度買飛？ *ngóh hái bīn douh máaih fēi*
Uma passagem/duas passagens, por favor	唔該你畀一張/兩張飛我。 *m gōi néih béi yāt jēung/léuhng jēung fēi ngóh*
Para hoje/amanhã.	要今日/聽日嘅。 *yiu gām yaht/tīng yaht ge*
Uma passagem...	一張⋯飛。 *yāt jēung...fēi*
só de ida	單程 *dāan chìhng*
de ida e volta	雙程 *sēung chìhng*
de primeira classe	頭等艙 *tàuh dáng chōng*
de classe executiva	商務艙 *sēung mouh chōng*
de classe econômica	經濟艙 *gīng jai chōng*
Quanto custa?	幾多錢？ *géi dō chín*
Tem desconto para...?	⋯有冇折？ *...yáuh móuh jit*
crianças	細蚊仔 *sai mān jái*
estudantes	學生 *hohk sāang*
idosos	老人 *lóuh yàhn*

turistas	遊客	yàuh haak
De ônibus rápido/trem rápido, por favor.	特快巴士/特快火車，唔該。	dahk faai bā sih/ dahk faai fó chē, m gōi.
De ônibus local/trem, por favor.	當地嘅巴士/火車，唔該。	dōng deih ge bāsih/fó chē, m gōi.
Eu tenho um tíquete eletrônico.	我有一張電子飛。	ngóh yáuh yāt jēung dihn jí fēi
Posso comprar uma passagem de ônibus/trem?	我可唔可以喺巴士/火車上面買飛票?	ngóh hó m hó yíh hái bā sí/fó chē seuhng mihn máaih fēi
Eu preciso carimbar a passagem antes do embarque?	我係唔係一定要上車前喺車票上蓋章?	ngóh haih m haih yāt dihng yiu séuhng chē chìhn hái chē piu seuhng koi jēung
Por quanto tempo esta passagem é válida?	呢張飛有效時間係幾耐?	nī jēung fēi yáuh haauh sìh gaan haih géi noih
Posso retornar usando a mesma passagem?	我可唔可以用同一張飛返嚟?	ngóh hó m hó yíh yuhng tùhng yāt jēung fēi fāan làih
Eu gostaria de ...	我想…我定嘅位。	ngóh séung…ngóh dehng
minha reserva.		ge wái
cancelar	取消	chéui sīu
alterar	改變	gói bin
confirmar	確認	kok yihng

Para *Dias*, ver página 164.

Para *Horas*, ver página 163.

Avião

Transferência do aeroporto

Quanto custa um táxi para o aeroporto?	去機場坐的士要幾多錢?	heui gēi chèuhng chóh dīk sí yiu géi dō chín
Para o aeroporto..., por favor.	唔該你帶我去…機場。	m gōi néih daai ngóh heui… gēi chèuhng

Minha companhia aérea é...	我嘅航空公司係…	*ngóh ge hòhng hūng gūng sī haih…*
Meu voo sai às...	我嘅航班…起飛	*ngóh ge hòhng bāan…héi fēi*
Eu estou com pressa.	我依家趕時間。	*ngóh yìh gā gón sìh gaan*
Você poderia pegar uma rota alternativa?	你可唔可以行第二條路？	*néih hó m hó yíh hàahng daih yih tìuh louh*
Você poderia dirigir mais rápido/devagar?	你可唔可以揸快/慢啲？	*néih hó m hó yíh jā faai/maahn dī*

VOCÊ PODE OUVIR...

你坐邊間航空公司嘅班機？ *néih chóh bīn gāan hòhng hūng gūng sī ge bāan gēi* — Qual é a sua companhia aérea?

國內定係國際航班？ *gwok noih dihng haih gwok jai hòhng bāan* — É voo doméstico ou internacional?

邊一個候機大堂？ *bīn yāt go hauh gēi daaih tòhng* — Qual é o terminal?

Muitas companhias aéreas dos Estados Unidos e da Inglaterra oferecem voos com destino a/partida de Hong Kong e outras grandes cidades da China. Voos internos também estão disponíveis. O transporte do aeroporto para o centro é oferecido na maioria dos aeroportos internacionais.

Para fazer uma viagem pela China, vale a pena planejar com antecedência. Existem alguns postos principais de informação turística que podem ajudá-lo na compra de passagens, voos e reservas de hotéis: Serviço de Turismo Internacional da China (China International Travel Service: www.cits.net), Serviço de Turismo da China (China Travel Service: www.chinatravelservice.com) e Serviço de Turismo Jovem da China (China Youth Travel Service: www.chinayouthtravel.com). Para mais informações, ver página 107.

VOCÊ PODE ENCONTRAR...

抵達	*dái daaht*	desembarque
離境	*lèih gíng*	embarque
認領行李	*yihng líhng hàhng léih*	esteira de bagagem
安全	*ngōn chyùhn*	segurança
國內航班	*gwok noih hòhng bāan*	voos domésticos
國際航班	*gwok jai hòhng bāan*	voos internacionais
辦理登機手續	*baahn léih dāng gēi sáu juhk*	check-in
辦理電子登機手續	*baahn léih dihn jí dāng gēi sáu juhk*	check-in do tíquete eletrônico
登機口	*dāng gēi háu*	portão de embarque

Check-in

Onde fica o *check-in*?	喺邊度辦理登機手續？ *hái bīn douh baahn léih dāng gēi sáu juhk*
Meu nome é...	我叫⋯ *ngóh giu...*
Eu vou para...	我要去⋯ *ngóh yiu heui...*
Eu tenho...	我有⋯ *ngóh yáuh...*
uma bagagem	一個行李箱 *yāt go hàhng léih sēung*
duas bagagens	兩個行李箱 *léuhng go hāhng léih sēung*
um item de bagagem de mão	一件隨身行李 *yāt gihn chèuih sān hàhng léih*
Quantas peças de bagagem são permitidas?	可以帶幾件行李？ *hó yíh daai géi gihn hàhng léih*
É em quilos ou libras?	係英鎊定係公斤？ *haih yīng bóng dihng haih gūng gān*
Qual é o terminal/portão?	邊個候機大堂/登機口？ *bīngo hauh gēi daaih tòhng/dāng gēi háu*

Indo e vindo

25

VOCÊ PODE OUVIR...

下一個！ hah yāt go	Próximo!
唔該你出示護照/機票。 m gōi néih chēut sih wuh jiu/gēi piu	Seu passaporte/passagem, por favor.
你有冇行李寄艙？ néih yáuh móuh hàhng léih gei chōng	Você vai despachar alguma bagagem?
嗰件隨身行李太大。 gó gihn chèuih sān hàhng léih taai daaih	Esta bagagem de mão é muito grande.
你係唔係自己打包？ Néih haih m haih jih géi dá bāau	Você mesmo arrumou suas malas?
有冇人俾嘢你拎？ yáuh móuh yàhn béi yéh néih līng	Alguém lhe deu algo para levar?
唔該除鞋。 m gōi chèuih hàaih	Tire os seus sapatos.
依家…登機。 yìhgā…dāng gēi	Embarque do voo…

Eu gostaria de um assento na janela/no corredor.	我想要窗口/路口位。 ngóh séung yiu chēung háu/louh háu wái
Quando partiremos/chegaremos?	我哋幾點離開/到？ ngóh deih géi dím lèih hōi/dou
O voo atrasou?	飛機係唔係遲咗？ fēi gēi haih m haih chìh jó
Quanto tempo de atraso?	有幾遲？ yáuh géi chìh

Bagagem

Onde fica…?	…喺邊度？ …hái bīn douh
os carrinhos de bagagem	手推車 sáu tēui chē
o guarda-volumes	行李暫存箱 hàhng léih jaahm chyùhn sēung
a esteira de bagagem	認領行李 yihng líhng hàhng léih
Minha bagagem foi perdida/roubada.	我嘅行李唔見咗 / 畀人偷咗。 ngóh ge hàhng léih m gin jó/béi yàhn tāu jó

| Minha mala foi danificada. | 我嘅手提箱畀人整壞咗。 | *ngóh ge sáu tàih sēung béi yàhn jíng waaih jó* |

Encontrando seu destino

Onde fica...?	⋯喺邊度？	*...hái bīn douh*
a casa de câmbio	換錢	*wuhn chín*
a locadora de automóveis	租車	*jōu chē*
a saída	出口	*chēut háu*
o terminal de táxi	的士	*dīk sí*
Tem ... para Guangzou?	有冇去廣州嘅⋯？	*yáuh móuh heui gwóng jāu ge...*
um ônibus	巴士	*bā sí*
um trem	火車	*fó chē*
um metrô	地鐵	*deih tit*

Para *Como perguntar o caminho*, ver página 37.

Trem

Onde fica a estação de trem?	火車站喺邊度？	*fó chē jaahm hái bīn douh*
Qual é a distância para...?	⋯有幾遠？	*...yáuh géi yúhn*
Onde fica...?	⋯喺邊度？	*...hái bīn douh*
o guichê de passagens	售票處	*sauh piu chyu*
o balcão de informações	訊問處	*sēun mahn chyu*
o guarda-volumes	行李暫存箱	*hàhng léih jaahm chyùhn sēung*
as plataformas	月台	*yuht tòih*
Posso pegar uma tabela de horários?	畀一張時間表我好唔好？	*béi yāt jēung sìh gaan bíu ngóh hóu m hóu*
É quanto tempo de viagem?	要幾耐時間？	*yiu géi noih sìh gaan*
É um trem direto?	係唔係直到？	*haih m haih jihk dou*

VOCÊ PODE ENCONTRAR...

月台 *yuht tòih*	plataformas
信息 *seuhn sīk*	informações
預定 *yuh dehng*	reservas
候車室 *hauh chē sāt*	sala de espera
抵達 *dái daaht*	desembarques
離開 *lèih hōi*	embarques

Eu preciso trocar de trem?	我使唔使轉車？ *ngóh sái m sái jyun chē*
O trem é pontual?	火車準唔準時？ *fó chē jéun m jéun sìh*

Embarques

Qual é a plataforma para...?	邊個月台去…？ *bīn go yuht tòih heui…*
Esta é a plataforma/este é o trem para...?	呢個係唔係去…嘅月台/火車？ *nī go haih m haih heui…ge yuht tòih/fó chē*
Onde é a plataforma...?	…月台喺邊度？ *…yuht tòih hái bīn douh*
Onde eu troco de trem para...?	我點樣轉車去…？ *ngóh dím yéung jyun chē heui…*

A bordo

Posso sentar-me aqui/abrir a janela?	我可唔可以坐喺呢度/打開窗？ *ngóh hó m hó yíh chóh hái nī douh/dá hōi chēung*
Este é o meu assento.	嗰個係我嘅位。 *gó go haih ngóh ge wái*
Aqui está a minha reserva.	我訂咗呢個位。 *ngóh dehng jó nī go wái*

A China tem uma extensa malha ferroviária, e você pode viajar de trem para quase todos os municípios e cidades do país. Há diferentes tipos de serviço de trem disponíveis: 快車 *faai chē* (rápido), 慢車 *maahn chē* (regular) e 直達 *jihk daaht* (direto). Há cinco categorias de assentos: banco duro, banco macio, leito duro, leito macio e em pé. Compre a passagem de trem na própria estação ou em um dos postos de venda de passagem localizados na maioria das cidades. Antes de embarcar, você deverá validar sua passagem com um atendente. Pode haver máquinas para validar a passagem nas estações das cidades maiores. Além do amplo serviço ferroviário, Hong Kong, Shenzhen e Guangzou também possuem sistema metroviário. Compre seu bilhete na estação de metrô em uma máquina de venda automática e valide-o na máquina de bilhetes.

Ônibus

Onde fica a estação de ônibus?	車站喺邊度？ *chē jaahm hái bīn douh*
Qual é a distância?	有幾遠？ *yáuh géi yúhn*
Como ir para...?	我點樣去…？ *ngóh dím yéung heui…*
Este ônibus vai para...?	呢架係唔係去…嘅巴士？ *nī ga haih m haih heui…ge bā sí*
Você poderia informar onde eu devo desembarcar?	你可唔可以話畀我知幾時落車？ *néih hó m hó yíh wah béi ngóh jī géi sìh lohk chē*
Eu preciso trocar de ônibus?	我使唔使轉巴士？ *ngóh sái m sái jyun bā sí*
Quantos pontos até...?	到…有幾多個站？ *dou…yáuh géi dō go jaahm*
Pare aqui, por favor.	唔該喺呢度停車！ *m gōi hái nī douh tìhng chē*

Para *Bilhetes*, ver página 22.

VOCÊ PODE OUVIR...

請大家上車！ chéng daaih gā séuhng chē
唔該車飛。 m gōi chē fēi
你要喺九龍堂轉車。 néih yiu hai gau lùhng tòhng jyun chē
下一站係尖沙咀。 hah yāt jaahm haih jīm sā jéui

Todos a bordo!
Sua passagem, por favor.
Você deve fazer baldeação em Kowloon Tong.
Próxima estação: Tsim Sha Tsui.

Metrô

Onde fica a estação de metrô?	地鐵站喺邊度？ deih tit jaahm hái bīn douh
Um mapa, por favor.	唔該畀一張地圖我。 m gōi béi yāt jēung deih tòuh ngóh
Qual é a linha que vai para...?	邊條線去⋯？ bīn tìuh sin heui…
Qual é a direção?	邊個方向？ bīn go fōng heung
Eu preciso fazer baldeação?	我使唔使轉地鐵？ ngóh sái m sái jyun deih tit
Este é o metrô que vai para...?	呢架地鐵去唔去⋯？ nī ga deih tit heui m heui…

Existem três tipos de sistemas de ônibus na China: ônibus públicos para transporte na cidade, ônibus de turismo para passeios turísticos e ônibus de longa distância para viagens intermunicipais. A maioria dos ônibus públicos funciona diariamente das seis da manhã às onze da noite. Em cidades grandes, você pode comprar um cartão de ônibus com validade de um mês. Ônibus de turismo, disponíveis na maioria das cidades, podem oferecer tarifas flexíveis (especialmente para grupos), que você pode negociar com o motorista. O serviço de ônibus de longa distância na China está presente praticamente em todas as cidades pequenas, incluindo aquelas em regiões remotas, não acessíveis de trem ou avião. Há um terminal rodoviário em quase todas as cidades, grandes e pequenas, onde você pode comprar passagens e encontrar informações sobre horários, tarifas e rotas. Para os ônibus públicos e de longa distância, sua passagem será validada por um atendente antes do embarque. Em Hong Kong, você também pode pagar a tarifa da passagem ao entrar no ônibus ou comprar um cartão pré-pago (八達通 *baat daaht tūng*, também conhecido como cartão "Octopus") nas estações de trem e de metrô; esses cartões "Octopus" podem ser utilizados em todos os tipos de transporte público da cidade.

Quantas estações até...?	到…有幾多個站？	*dou…yáuh géi dō go jaahm*
Onde nós estamos?	我哋喺邊度？	*ngóh deih hái bīn douh*

Para *Bilhetes*, ver página 22.

VOCÊ PODE ENCONTRAR...

巴士站 *bā sí jaahm*	ponto de ônibus
唔該有落 *m̀h gōi yáuh lohk*	aperte para descer do ônibus
上車/落車 *séuhng chē/lohk chē*	embarque/desembarque do ônibus
車票蓋章 *chē piu koi jēung*	carimbe o seu bilhete

Barco e balsa

Quando é a balsa para...?	去⋯⋯嘅渡輪係乜野時間？	*heui... ge douh lèuhn haih māt yéh sìh gaan*
Onde estão os coletes salva-vidas?	救生衣喺邊度？	*gau sāng yī hái bīn douh*
Posso ir com o meu carro?	我可唔可以攞我部車？	*ngóh hó m hó yíh ló ngóh bouh chē?*
Qual é o horário do próximo barco?	下一班船幾點？	*hah yāt bāan syùhn géi dím*
Posso reservar um assento/uma cabine?	我可唔可以預訂一個座位/艙位？	*ngóh hó m hó yíh yuh dehng yāt go joh waih/chōng wai*
Quanto tempo de viagem?	航道有幾長？	*hòhng douh yáuh géi chèuhng*

Para *Bilhetes*, ver página 22.

Na maioria das cidades na China, incluindo Hong Kong, Guangzou e Shenzhen, há sistemas metroviários. Você pode comprar bilhetes individuais ou cartões com validade de um mês nas estações de metrô; algumas cidades podem oferecer passagens com validade de um dia ou uma semana. Os atendentes do guichê de bilhetes podem fornecer informações sobre o horário de funcionamento, as rotas e as tarifas. Em algumas estações, você simplesmente paga e entra; em outras, você compra um bilhete que deve ser validado por um atendente antes do embarque. Nas cidades maiores, geralmente há máquinas de validação de bilhetes. Há mapas, geralmente gratuitos, disponíveis nos guichês de bilhetes.

VOCÊ PODE ENCONTRAR...

救生船 *gau sāng syùhn*	barco salva-vidas
救生衣 *gau sāng yī*	colete salva-vidas

Táxi

Onde eu posso pegar um táxi?	我喺邊度可以叫的士？ *ngóh hái bīndouh hó yíh giu dīk sí*
Você pode enviar um táxi?	你可唔可以派部的士？ *néih hó m hó yíh paai bouh dīk sih*
Você tem o número de telefone de uma empresa de táxi?	你有冇的士公司電話？ *néih yáuh móuh dīk sí gūng sī dihn wá*
Eu gostaria de um táxi agora/amanhã às...	我宜家/聽日喺…想叫的士。 *ngóh yìh gā/tīng yaht hái…séung giu dīk sí*
Pegue-me às...	喺…接我。 *hái…jip ngóh*
Eu vou para...	我要去… *ngóh yiu heui…*
este endereço	呢個地址 *nī go deih jí*

Há um serviço regular de balsa e barco entre as grandes cidades costeiras da China, bem como ao longo dos rios, particularmente no Chang Jiang (rio Yangtze) e Zhu Jiang (rio Pérola), mas não há no Huang He (rio Amarelo). Algumas das ilhas de Guangdong são acessíveis por balsa. Verifique os horários, as rotas e as tarifas com um agente de viagem ou no terminal de balsa local. Existe um serviço regular de balsa entre a ilha de Hong Kong e Kowloon. A balsa de Hong Kong é uma das principais atrações turísticas em razão do famoso cenário noturno, que inclui a vista da área costeira da ilha de Hong Kong e da península de Kowloon. Há também um serviço regular de balsa entre a ilha de Hong Kong e as ilhas vizinhas.

O serviço de táxi em Hong Kong e na maioria das principais cidades da China é geralmente por taxímetro, com base em metros; em pequenos municípios ou no interior, você talvez tenha de negociar um preço fixo com o motorista. Chame um táxi na rua, levantando o braço, ou em um ponto de táxi, reconhecido pela placa TÁXI. Normalmente, não há valores extras para bagagens, mas pode ser aplicado um custo adicional durante a noite. Dar gorjetas para taxistas na China não é muito comum, mas serão aceitas de bom grado.

o aeroporto	機場	gēi chèuhng
estação de trem	火車站	fó chē jaahm
Estou atrasado(a).	我遲咗。	ngóh chìh jó
Você poderia dirigir mais rápido/devagar?	你可唔可以開快/慢啲?	néih hó m hó yíh hōi fuai/maahn dī
Pare/espere aqui.	喺呢度停車/等我。	hái nī douh tìhng chē/dáng ngóh
Quanto custa?	幾多錢?	géi dō chín
Você disse que custaria...	你講過要…	néih góng gwo yiu…
Eu posso pegar um recibo?	我可唔可以要收據?	ngóh hó m hó yíh yiu sāu geui
Fique com o troco.	唔使找喇。	m sái jáau la

VOCÊ PODE OUVIR...

去邊度? heui bīn douh
Para onde?

地址係乜野? deih jí haih māt yéh
Qual é o endereço?

有夜間/機場附加費。
yáuh yeh gāan/gēi chèuhng fuh ga fai
Há um custo adicional para período noturno/para aeroporto.

Bicicleta e motocicleta

Eu gostaria de alugar uma bicicleta/motocicleta elétrica	我想租一架單車/一架電單車。	*ngóh séung jōu yāt ga dāan chē/yāt ga dihn dāan chē*
Eu gostaria de alugar um ciclomotor.	我想租部電單車。	*ngóh séung jōu bouh dihn dāan chē*
Quanto custa por dia/semana?	一日/個星期幾多錢？	*yāt yaht/go sīng kèih géi dō chín*
Posso comprar um capacete/cadeado?	我可唔可以買一個頭盔/一把鎖？	*ngóh hó m hó yíh máaih yāt go tòuh kwāi/yāt bá só*

A bicicleta é um meio de transporte muito popular em toda a China. As bicicletas podem ser alugadas em muitas cidades do país, tanto em hotéis quanto em lojas de bicicleta. Para evitar multas de estacionamento e minimizar o risco de se ter uma bicicleta roubada, estacione-a em locais protegidos por uma pequena taxa.
Em Hong Kong, o ciclismo é, sobretudo, para fins recreativos. Como o trânsito em Hong Kong é extremamente carregado, é perigoso andar de bicicleta nas áreas mais congestionadas da cidade.

Aluguel de carro

Onde fica a locadora de automóveis?	喺邊度租車？	*hái bīn douh jōu chē*
Eu gostaria de...	我想要…	*ngóh séung yiu…*
um carro barato/pequeno	一架平啲/細啲嘅車	*yāt ga pèhng dī/sai dī ge chē*
um carro automático/manual	手波/自動波	*sáu bō/jih duhng bō*
ar-condicionado	冷氣	*láahng hei*
cadeira de criança	兒童安全座位	*yìh tùhng ngō chyùhn joh wái*

Quanto custa...?	…幾多錢？	…géi dō chín
por dia/semana	每日/個星期	múih yaht/go sīng kèih
por quilômetro	每公里	múih gūng léih
por quilometragem ilimitada	不限里程	bāt haahn léih chìhng
com seguro	有保險	yáuh bóu hím
Tem desconto?	有冇折？	yáuh móuh jit

Posto de gasolina

Onde fica o posto de gasolina?	油站喺邊度？	yàuh jaahm hái bīn douh
Encha o tanque.	唔該入滿。	m gōi yahp múhn
… euros, por favor.	… 歐元，唔該。	…áu yùhn, mh gōi
Eu vou pagar em dinheiro/com cartão de crédito.	我用現金/信用卡畀錢。	ngóh yuhng yihn gām/seun yuhng kāat béi chín

Para *Números*, ver página 160.

VOCÊ PODE OUVIR...

你有冇國際車牌？ *néih yáuh móuh gwokjai chē pàaih*
Você tem carteira de habilitação internacional?

唔該你出示你嘅護照。 *m gōi néih chēut sih néih ge wuhtjiu*
Seu passaporte, por favor.

你想唔想買保險？ *néih séung m séung máaih bóu hím*
Você quer comprar seguro?

我需要按金。 *ngóh sēui yiu ngon gām*
Eu preciso de um depósito.

喺呢度簽你嘅名。 *hái nī douh chīm néih ge méng*
Assine aqui.

Locadoras de automóveis estão disponíveis na maioria das cidades para a condução dentro dos limites da cidade. No entanto, você pode contratar um motorista por algumas horas, um dia ou até mais por um valor negociável. Fale com a recepção do seu hotel sobre opções de aluguel de seguros.

Como perguntar o caminho

Este é o caminho para...?	呢度係唔係去⋯嘅路？	nī douh haih m haih heui...ge louh
Qual é a distância para...?	去⋯有幾遠？	heui...yáuh géi yúhn
Onde fica...?	⋯喺邊度？	...hái bīn douh
a rua...	⋯街	...gāai
este endereço	呢個地址	nī go deih jí
a estrada	高速公路	gōu chūk gūng louh
Você poderia mostrar o mapa?	你可唔可以喺地圖上面指界我睇？	néih hó m hó yíh hái deih tòuh seuhng mihn jí béi ngóh tái
Estou perdido.	我盪失路。	ngóh dohng sāt louh

VOCÊ PODE ENCONTRAR...

汽油 hei yàuh	gasolina
有鉛 yáuh yùhn	com chumbo
無鉛 mòuh yùhn	sem chumbo
普通 póu tūng	comum
超級 chīu kāp	super
優質 yāu jāt	premium
柴油 chàaih yàuh	diesel
自助服務 jih joh fuhk mouh	autoatendimento
全面服務 chyùhn mihn fuhk mouh	serviço completo

VOCÊ PODE OUVIR...

一直向前	yāt jihk heung chìhn	siga direto em frente
左邊	jó bīn	à esquerda
右邊	yauh bī	à direita
喺/轉過街角	hái/jyun gwo gāai gok	na esquina
對面	deui mihn	do lado oposto (em frente)
後面	hauh mihn	atrás
旁邊	pòhng bīn	ao lado
後	hauh	depois
北/南	bāk/nàahm	norte/sul
東/西	dūng/sāi	leste/oeste
喺交通燈嗰度	hái gāau tūng dāng gó douh	no semáforo
喺十字路口	hái sahp jih louh háu	no cruzamento

Estacionando

Posso estacionar aqui?	我可唔可以停喺呢度？ ngóh hó m hó yi tìhng hái nī douh
Onde fica...?	⋯喺邊度？ ...hái bīn douh
a garagem do estacionamento	車房 chē fòhng
o estacionamento	停車場 tìhng chē chèuhng
o parquímetro	停車計時器 tìhng chē gai sìh hei
Quanto custa...?	幾多錢⋯？ géi dō chín...
por hora	每個鐘頭 múih go jūng tàuh
por dia	每日 múih yaht
o pernoite	通宵 tūng sīu

VOCÊ PODE ENCONTRAR...

停 *tìhng*	pare
讓 *yeuhng*	dê passagem
不准駛入 *bāt jéun sái yahp*	não entre
禁區 *gam kēui*	área restrita
進入 *jeun yahp*	entre
轉左 *jyun jó*	vire à esquerda
轉右 *jyun yauh*	vire à direita
停車場 *tìhng chē chèuhng*	estacionamento
入口 *yahp háu*	entrada
出口 *chēut háu*	saída
行人路 *hàahng yàhn louh*	via de pedestre

Falhas e reparos

Meu carro quebrou/não dá partida.	我嘅車壞咗/唔行得。 *ngóh ge chē waaih jó/m hàahng dāk*
Você poderia consertá-lo?	你可唔可以整好？ *néih hó m hó yíh jíng hóu*
Quando ficará pronto?	幾時可以整好？ *géi sìh hó yíh jíng hóu*
Quanto custa?	幾多錢？ *géi dō chin*
Meu pneu perfurou/estourou.	我嘅車胎穿／爆咗。 *ngóh ge chē tāi chyūn / baau jó*

Acidentes

Houve um acidente.	有意外。 *yáuh yi ngoih*
Ligue para a ambulância./polícia	打電話叫一架救護車/警察。 *dá dihn wá giu yāt ga gau wuh chē/gíng chaat*

Onde ficar

O ESSENCIAL

Você poderia recomendar um hotel?	你可唔可以推薦一間酒店？ néih hó m hó yíh tēui jin yāt gāan jáu dim
Eu tenho uma reserva.	我定咗房。 ngóh dehng jó fóng
Meu nome é...	我嘅名係··· ngóh ge méng haih...
Você tem um quarto...?	有冇···嘅房間？ yáuh móuh...ge fòhnggāan
para uma/duas pessoas	一/兩個人 yāt/léuhng go yàhn
suíte	有沖涼房 yáuh chūng lèuhng fóng
com ar-condicionado	有冷氣 yáuh láahng hei
Para...	住··· jyuh...
hoje de noite	今晚 gām máahn
duas noites	兩晚 léuhng máahn
uma semana	一個星期 yāt go sīng kèih
Quanto custa?	幾多錢？ géi dō chín
Tem algum (quarto) mais barato?	有冇平啲嘅？ yáuh móuh pèhng dī ge
A que horas é o *check-out*?	幾點退房？ géi dím teui fóng
Posso deixar isto no cofre?	我可唔可以將呢啲野留喺保險箱 ngóh hó m hó yíh jēung nī dī yéh láuh hái bóu h sēung
Posso deixar a minha bagagem?	我可唔可以將呢個袋留低？ ngóh h m hó yíh jēung nī go dói làuh dāi
Eu vou pagar em dinheiro/ com cartão de crédito.	我用現金/信用卡畀錢。 ngóh yuhng yihn gām/seun yuhng kāat béi chín
Posso pegar um recibo?	可唔可以畀收據我？ hó m hó yíh béi s geui ngóh

Um lugar para ficar

Você poderia recomendar...?	你可唔可以介紹…?	néih hó m hó yíh gaai siuh…
um hotel	一間酒店	yāt gāan jáu dim
um albergue	一間旅舍	yāt gāan léuih se
um parque de campismo	一個營地	yāt go yìhng deih
um alojamento com café da manhã (*bed and breakfast*)	一間有早餐嘅酒店	yāt gāan yáuh jóu chāan ge jáu dim
Fica perto daqui?	呢度離邊度近?	nī douh lèih bīn douh káhn
Como ir para lá?	我點去嗰度呢?	ngóh dím heui gó douh nē

No hotel

Eu tenho uma reserva.	我訂咗。	ngóh dehng jó
Meu nome é...	我嘅名係…	ngóh ge méng haih…
Você tem um quarto...?	有冇…嘅房?	yáuh móuh…ge fóng
suíte	有沖涼房	yáuh chūng lèuhng fóng
com vaso sanitário	有洗手間	yáuh sái sáu gāan
com ducha	沖涼房	chūng lèuhng fóng
com ar-condicionado	有冷氣	yáuh láahng hei
para fumantes/ não fumantes	嗰間係吸煙/非吸煙房	gó gāan haih kāp yīn/fēi kāp yīn fóng
para...	住…	jyuh…
hoje à noite	今晚	gām máahn
duas noites	兩晚	léuhng máahn
uma semana	一個星期	yāt go sīng kèih
Você tem...?	你有冇…?	néih yáuh móuh…
computador	電腦	dihn nouh
elevador	電梯	dihn tāi

Onde ficar

serviço de internet sem fio (*wireless*)	（無線）互聯網服務	(mòuh sin) wuh lyùh móhng fuhk mouh
serviço de quarto	客房送餐服務	haak fóng sung chāan fuhk mouh
televisão	電視機	dihn sih gei
piscina	游泳池	yàuh wihng chìh
academia	健身房	gihn sān fóng
Eu preciso de...	我需要…	ngóh sēui yiu…
uma cama extra	加床	gā chòhng
uma cama pequena	一張BB床	yāt jēung bìh bī chòhng
um berço	一個搖籃	yāt go yìuh láam

Preço

Quanto custa a diária/a semana?	每晚/星期幾多錢？	múih máahn/sīng kèih géi dō chín
O café da manhã/o imposto sobre valor agregado está incluso?	包唔包早餐/銷售稅？	bāau m bāau jóu chāan/sīu sauh seui
Tem desconto?	有冇折？	yáuh móuh jit

Preferências

Posso ver o quarto?	我可唔可以睇吓間房？	*ngóh hó m hó yíh tái háh gāan fóng*
Eu gostaria de um quarto...	我想要一間⋯嘅房。	*ngóh séung yiu yāt gāan...ge fóng*
melhor	好啲	*hóu dī*
maior	大啲	*daaih dī*
mais barato	平啲	*pèhng dī*
mais silencioso	靜啲	*jihng dī*
Eu quero este quarto.	我要呢間房。	*ngóh yiu nī gāan fóng*
Não, eu não quero este quarto.	唔要，我唔要呢間房。	*m yiu ngóh m yiu nī gāan fóng*

VOCÊ PODE OUVIR...

唔該你出示你嘅護照/信用卡。 *m gōi néih chēut sih néih ge wuh jiu/seun yuhng kāat*	Seu passaporte/cartão de crédito, por favor.
填好呢份表格。 *tìhn hóu nī fahn bíu gaak*	Preencha este formulário.
喺呢度簽名。 *hái nī douh chīm méng*	Assine aqui.

Perguntas

Onde fica...?	⋯喺邊度？	*...hái bīn douh*
o bar	酒吧	*jáu bā*
o banheiro	浴室	*yuhk sāt*
o elevador	電梯	*dihn tāi*

Onde ficar

43

Onde ficar

Os hotéis 酒店 *jáu dim* na China variam entre econômicos e luxuosos. Muitos dos hotéis de qualidade pertencem a redes internacionais com serviços e preços equivalentes. Hotéis maiores podem ter atendentes que falem inglês e tenham as chaves dos quartos, cuidem do serviço de lavanderia, vendam cigarros, lanches, bebidas, cartões-postais e ofereçam assistência geral. Quando disponíveis, os serviços de correio, telefone e câmbio geralmente ficam localizados no primeiro andar. Em geral, os hotéis são classificados de três a cinco estrelas, e a maioria adiciona uma taxa de serviço de 10% a 15%. É melhor procurar pela hospedagem com antecedência, especialmente se você planeja visitar a China durante os principais meses turísticos: maio, setembro e outubro. Vale mencionar os famosos e bem conservados hotéis que datam dos tempos coloniais: Peninsula Hotel Hong Kong, Island Shanqri-la Hong Kong, The Garden Hotel Guangzhou e White Swan Hotel Guangzhou. As reservas para esses hotéis devem ser feitas com antecedência.

Eu posso pegar...?	我可唔可以要…？	*ngóh hó m hó yíh yiu...*
um cobertor	一張毯	*yāt jēung jīn*
um ferro	一個熨斗	*yāt go tong dáu*
a chave/o cartão do quarto	房間鎖匙/鎖匙卡	*fòhng gāan só sìh/só sìh kāa*
um travesseiro	一個枕頭	*yāt go jám tàuh*
um sabonete	一舊番鹼	*yāt gauh fāan gáan*
papel higiênico	廁紙	*chi jí*
uma toalha	一條毛巾	*yāt tiuh mòuh gān*
Você tem um adaptador para isto?	你有冇呢個火牛？	*néih yáuh móuh nī go fó ngàuh*
Como acender as luzes?	我點樣開燈？	*ngóh dím yéung hōi dāng*

Você poderia me acordar às...?	你可唔可以⋯叫醒我？	*néih hó m hó yíh... giu séng ngóh*
Posso deixar isto no cofre?	我可唔可以將呢啲野留喺保險箱？	*ngóh hó m hó yíh jēung nī dī yéh làuh hái bóu hím sēung*
Há alguma correspondência/ mensagem para mim?	有冇郵件/留言畀我？	*yáuh móuh yàuh gín/làuh yìhn béi ngóh*
A que horas vocês fecham?	幾點鎖門？	*géi dím só mùhn*
Vocês têm serviço de lavanderia?	你哋有冇洗衫服務？	*néih deih yáuh móuh sái sāam fuhk mouh*

Para *Horas*, ver página 163.

Problemas

Há um problema.	有問題。	*yáuh mahn tàih*
Eu perdi a chave/ o cartão do quarto.	我唔見咗鎖匙/鎖匙卡。	*ngóh m gin jó só sìh/só sìh kāat*

VOCÊ PODE ENCONTRAR...

推/拉 *tēui/lāai*	empurre/puxe
沖涼房 *chūng lèuhng fóng*	banheiro
花灑 *fā sá*	chuveiro
電梯 *dihn tāi*	elevador
樓梯 *làuh tāi*	escada
洗衣 *sái yī*	lavanderia
請勿打擾 *chíng maht dá yíu*	não perturbe
防火門 *fòhng fó mùhn*	porta de incêndio (corta-fogo)
(緊急)出口 *(gán gāp) chēut háu*	saída (de emergência)
電話叫醒 *dihn wá giu séng*	serviço de despertador

> A voltagem usada na China é 220 volts. Você precisará de um adaptador para alguns equipamentos eletrônicos que levar.

Eu deixei a chave/ o cartão do quarto dentro do quarto.	我嘅鑰匙/鑰匙卡鎖咗入房。	*ngóh ge só sīh/só sīh kā só jó yahp fóng.*
Não há água quente/ papel higiênico.	冇熱水/廁紙。	*móuh yiht séui/chi jí*
O quarto está sujo.	房好烏糟。	*fóng hóu wū jōu*
Há insetos no quarto.	房有蟲。	*fóng yáuh chùhng*
... não está funcionando.	⋯唔得。	*... m dāk*
Você poderia consertar...?	你可唔可以整⋯？	*néih hó m hó yíh jíng...*
o ar-condicionado	冷氣	*láahng hei*
o ventilador	風扇	*fūng sin*
o aquecedor	暖氣	*nyúhn hei*
a luz	燈	*dāng*
a televisão	電視	*dihn sih*
o banheiro	洗手間	*sái sáu gāan*
Eu quero outro quarto.	我想換房。	*ngóh séung wuhn fóng*

Check-out

A que horas é o *check-out*?	幾點退房？	*géi dím teui fóng*
Posso deixar a minha bagagem aqui até as...?	我可唔可以將個袋留喺呢度⋯？	*ngóh hó m hó yíh jēung go dói làuh hái nī douh...*
Você poderia fornecer uma fatura detalhada/um recibo?	你可唔可以畀一張詳細帳單/收據我？	*néih hó m hó yíh béi yāt jēung chèuhng sai jeung dāan/sāu geui ngóh*

Acho que há um engano.	我認為錯咗。	*ngóh yihng waih cho jó*
Eu vou pagar em dinheiro/ com cartão de crédito.	我用現金/信用卡畀錢。	*ngóh yuhng yihn gām/seun yuhng kāat béi chín*

Para *Horas*, ver página 163.

Aluguel

Eu reservei um apartamento/um quarto.	我訂咗一個單位/一間房。	*ngóh dehng jó yāt go dāan wái/yāt gāan fóng*
Meu nome é…	我嘅名係…	*ngóh ge méng haih…*
Posso pegar a chave/ o cartão do quarto?	可唔可以畀鎖匙/鎖匙卡我?	*hó m hó yíh béi só sìh/só sìh kāat ngóh*
Tem…?	有冇…?	*yáuh móuh…*
louça	碟	*díp*
travesseiro	枕頭	*jám tàuh*
lençol	床單	*chòhng dāan*
toalha	毛巾	*mòuh gān*
utensílios domésticos	餐具	*chāan geuih*
Quando eu devo colocar o lixo/o lixo reciclável para fora?	我幾時倒垃圾/回收垃圾?	*ngóh géi sìh dóu laahp saap/ wùih sāu laahp saap*
… está quebrado.	…壞咗。	*…waaih jó*
Você poderia consertar…?	你可唔可以整…?	*néih hó m hó yíh jíng…*
o ar-condicionado	冷氣	*láahng hei*
a máquina de lavar louças	洗碗機	*sái wún gēi*
o congelador	雪櫃	*syut gwaih*
o aquecedor	暖氣	*nyúhn hei*
o micro-ondas	微波爐	*mèih bō lòuh*
a geladeira	冰箱	*bīng sēung*
o fogão	爐	*lòuh*
a máquina de lavar roupa	洗衣機	*sái yī gēi*

Itens domésticos

Eu preciso de...	我需要… *ngóh sēui yiu…*
um adaptador	一個火牛 *yāt go fó ngàuh*
papel-alumínio	錫紙 *sehk jí*
um abridor de garrafa	瓶瓶器 *hōi pìhng hei*
uma vassoura	一把帚把 *yāt bá sou bá*
um abridor de lata	罐頭刀 *gun táu dōu*
produtos de limpeza	清潔用品 *chīng git yuhng bán*
um saca-rolhas	開酒器 *hōi jáu hei*
detergente	清潔劑 *chīng git jāi*
detergente para lava-louça	洗潔精 *sái git jīng*
sacos de lixo	垃圾袋 *laahp saap dói*
uma lâmpada	一個燈膽 *yāt go dāng dáam*
fósforos	一啲火柴 *yāt dī fó chàaih*
um esfregão	一個拖板 *yāt go tō báan*
guardanapos	一啲餐巾 *yāt dī chāan gān*
papel toalha	紙巾 *jí gān*
filme plástico	保鮮紙 *bóu sīn jí*
desentupidor	泵 *bām*
uma tesoura	一把較剪 *yāt bá gaau jín*
um aspirador de pó	一架吸塵機 *yāt ga kāp chàhn gēi*

Para *Na cozinha*, ver página 77.

No albergue

Há uma cama disponível?	有冇床？ *yáuh móuh chòhng*
Posso pegar...?	可唔可以畀…我？ *hó m hó yíh béi…ngóh*
um quarto individual/ quarto de casal	一間單人／雙人房 *yāt gāan dāan yàhn/ sēung yàhn fóng*
um cobertor	一張毯 *yāt jēung jīn*
um travesseiro	一個枕頭 *yāt go jám tàuh*

Os albergues na China oferecem opções de acomodação de baixo custo. As camas em quartos em estilo dormitório são a escolha mais barata; os dormitórios privativos variam de individuais a quartos para seis ou mais pessoas e podem estar disponíveis, mas geralmente é preciso fazer reserva com antecedência. Esteja preparado para pagar em espécie nos albergues e em outras acomodações menos onerosas; os cartões de crédito muitas vezes não são aceitos, especialmente em alguns locais em cidades pequenas. Os albergues na China associados ao Hostelling International aceitam reservas on-line e geralmente oferecem serviço de internet e muito mais. Visite a página do Hostelling International (www.hihostels.com) para mais detalhes.

lençol	床單	*chòhng dāan*
uma toalha	一條毛巾	*yāt tìuh mòuh gān*
Você tem armários?	有冇衣櫃？	*yáuh móuh yī gwaih*
A que horas vocês fecham?	幾點鎖門？	*géi dím só mùhn*
Eu preciso de um cartão de membro?	使唔使會員證？	*sái m sái wúih yùhn jing*
Aqui está minha carteira de estudante internacional.	呢個係我嘅國際學生證。	*nī go haih ngóh ge gwok jai hohk sāang jing*

Acampando

Posso acampar aqui?	我可唔可以喺呢度露營？	*ngóh hó m hó yíh hái nī douh louh yìhng*
Onde há um parque de campismo?	營地喺邊度？	*yìhng deih hái bīn douh*
Quanto custa a diária/a semana?	每日/星期幾多錢？	*múih yaht/sīng kèih géi dō chín*
Tem…?	有冇…？	*yáuh móuh…*
utensílios de cozinha	烹飪設施	*pāang yahm chit sī*

VOCÊ PODE ENCONTRAR...

飲用水 *yám yuhng séui*	água potável
禁止野營 *gam jí yéh yìhng*	proibido acampar
禁止生火/燒烤 *gam jí sāng fó/sīu hāau*	proibido fogueira/churrasco

tomadas elétricas	電掣 *dihn jai*
lavanderia	洗衣設施 *sái yī chit beih*
chuveiro	花灑 *fā sá*
barraca para aluguel	出租嘅帳篷 *chēut jōu jeung fùhng*

Para *Itens domésticos*, ver página 48.

Para *Na cozinha*, ver página 78.

Acampar é muito incomum na China. A maioria dos parques de campismo fica perto de uma reserva natural ou de outras atrações. Verifique com seu agente de viagens ou a recepção do seu hotel para mais informações.

Comunicando-se

O ESSENCIAL

Onde há um cibercafé?	網吧喺邊度？ *móhng bā hái bīn douh*
Posso acessar a internet/checar e-mails?	我可唔可以上網/查電子郵件？ *ngóh hó m hó yíh séung móhng/chàh dihn jí yáuh gín*
Quanto custa por hora/por meia hora?	每個/半個鐘頭幾多錢？ *múih go/bun go jūng tàuh géi dō chín*
Como eu faço para conectar?	我點樣上網？ *ngóh dím yéung séuhng móhng*

Portuguese	Chinese	Romanization
Um cartão telefônico, por favor.	唔該畀一張電話卡我。	m gōi béi yāt jēung dihn wá kāat ngóh
Posso pegar seu número de telefone?	可唔可以畀你嘅電話號碼我？	hó m hó yíh béi néih ge dihn wá houh máh ngóh
Aqui está meu número/e-mail.	呢個係我嘅電話號碼/電郵地址。	nī go haih ngóh ge dihn wá houh máh/dihn yàuh deih jí
Ligue-me/envie-me e-mail.	打電話/發電郵畀我。	dá dihn wá/faat dihn yàuh béi ngóh
Alô, aqui é...	你好，我係…	néih hóu ngóh haih…
Posso falar com...?	我可唔可以同…傾？	ngóh hó m hó yíh tùhng…kīng
Você poderia repetir?	你可唔可以重複一次？	néih hó m hó yíh chùhng fūk yāt chi
Eu ligarei novamente mais tarde.	我等一陣再打電話嚟。	ngóh dáng yāt jahn joi dá dihn wá làih
Tchau.	再見。	joi gin
Onde fica o correio?	郵局喺邊度？	yàuh gúk hái bīn douh
Eu gostaria de enviar isto para...	我想將呢啲野送到…	ngóh séung jēung nī dī yéh sung dou…

On-line

Onde há um cibercafé?	網吧喺邊度？	*móhng bā hái bīn douh*
Tem internet sem fio (*wireless*)?	有冇無線上網？	*yáuh móuh mòuh sin séung móhng*
Qual é a senha do Wi-Fi?	無線網絡嘅密碼係乜野？	*mòuh sin móhng lohk ge maht máh haih māt yéh*
O Wi-Fi é gratuito?	無線網絡係唔係免費嘎？	*mòuh sin móhng lohk haih m haih míhn fai gàh*
Você tem bluetooth?	你有冇藍牙？	*néih yáuh móuh làahm ngàh*
Como ligar e desligar o computador?	點樣開/關電腦？	*dím yéung hōi/gwāan dihn nouh*
Eu posso...?	我可唔可以…？	*ngóh hó m hó yíh…*
acessar a internet	上網	*séuhng móhng*
checar o e-mail	查電郵	*chàh dihn yàuh*
imprimir	列印	*liht yan*
usar qualquer computador	用電腦	*yuhng dihn nóuh*
colocar na tomada/carregar meu laptop/iPhone/iPad/BlackBerry?	插入電源/幫我個手提電腦/iPhone/iPad/Blackberry充電？	*chaap yahp dihn yùhn/bōng ngóh go sáu tàih dihn nóuh/iPhone/iPad/Blackberry chūng dihn*
acessar o Skype?	用Skype	*yuhng Skype*
Quanto custa por (meia) hora?	每(半)個鐘頭幾多錢？	*múih (bun) go jūng tàuh géi dō chín*
Como eu faço para...?	點樣…？	*dím yéung…*
conectar/desconectar	連接/斷線	*lìhn jip/tyúhn sin*
iniciar/terminar a sessão	登錄/退出	*dāng luhk/teui chēut*
digitar este símbolo	輸入呢個符號	*syū yahp nī go fùh hóu*
Qual é o seu e-mail?	你嘅電郵係乜野？	*néih ge dihn yàuh haih māt yéh*

Meu e-mail é...	我嘅電郵係…	*ngóh ge dihn yàuh haih…*
Você tem escâner?	你有冇掃描器？	*néih yáuh móuh sou miùh hei*

Redes sociais

Você tem Facebook/Twitter?	你有冇註冊Facebook/Twitter？	*néih yáuh móuh jyu chaak Facebook/Twitter*
Qual é o seu nome de usuário?	你個用戶名係乜嘢？	*néih go yuhng wuh mèhng haih māt yéh*
Eu vou adicionar você como amigo.	我想加你為好友。	*ngóh séung gā néih waih hóu yáuh*
Eu vou seguir você no Twitter.	我會係Twitter關注你。	*ngóh wúih haih Twitter guān jyu néih*
Você está seguindo...?	你關注緊…？	*néih guān jyu gán…*
Eu vou postar as fotos no Facebook/Twitter.	我想將幅相放上Facebook/Twitter.	*ngóh séung jēung fūk seung fong séuhng Facebook/Twitter*
Eu vou marcar você nas fotos.	我會係相片裡面標你。	*ngóh wúih haih seung pin léuih mihn bīu néih*

Telefone

Um cartão telefônico/ cartão pré-pago, por favor.	唔該畀一張電話卡/預付電話卡我。	*m gōi béi yāt jēung dihn wá kāat/yuh fuh dihn wá kāat ngóh*
Quanto custa?	幾多錢？	*géi dō chin*
Posso recarregar/ comprar mais créditos para este telefone?	我可唔可以幫呢個電話加錢/買多啲分鐘？	*ngóh hó m hó yíh bōng nī go dihn wá gā chín/máaih dō dī fān jūng*
Onde fica o telefone público?	公用電話係邊度？	*gūng yuhng dihn wá haih bīn douh*
Qual é o código de área/ internacional...?	…區號/國家代碼係乜野？	*…kēui houh/gwok gā doih máh haih māt yéh*

VOCÊ PODE ENCONTRAR...

關閉 *gwāan bai*	fechar
刪除 *sāan chèuih*	deletar
電子郵件 *dihn jí yàuh gín*	e-mail
退出 *teui chēut*	sair
幫助 *bōng joh*	ajuda
聊天 *lìuh tīn*	mensagem instantânea
互聯網 *wuh lyùhn móhng*	internet
登錄 *dāng luhk*	login
新(信息) *sān (seun sīk)*	nova (mensagem)
開/關 *hōi/gwāan*	ligado/desligado
打開 *dá hōi*	abrir
列印 *liht yan*	imprimir
保存 *bóu chyùhn*	salvar
送 *sung*	enviar
用戶名/密碼 *yuhng wuh méng/maht máh*	nome de usuário/senha
無線上網 *mòuh sin séuhng móhng*	internet sem fio (*wireless*)

Qual é o número de telefone para pedir informações?	訊問台號碼係幾多號？ *sēun mahn tòih houh máh haih géi dō houh*
Eu gostaria do número de telefone de...	我想要⋯嘅號碼。 *ngóh séung yiu…ge houh máh*
Eu gostaria de fazer uma ligação a cobrar.	我想打對方付費電話。 *ngóh séung dá deui fōng fuh fún dihn wá*
Meu telefone não funciona aqui.	我嘅電話喺呢度唔用得。 *ngóh ge dihn wá hái nī douh m yuhng dāk*
Que rede você está usando?	你用緊乜嘢網絡？ *néih yuhng gán māt yéh móhng lohk*

Centros de acesso à internet e cibercafés podem ser encontrados nas principais cidades da China. Muitos hotéis oferecem computadores e instalações de internet em seus centros de negócios, bem como o acesso à internet sem fio em salas privadas, geralmente mediante o pagamento de uma taxa.

É 3G?	呢個係唔係3G?	*nī go haih m haih 3G*
Os meus créditos/minutos acabaram.	我嘅電話費/分鐘已經用曬。	*ngóh ge dihn wá fai / fān jūng yíh gīng yuhng saai*
Posso comprar créditos?	我可唔可以充值?	*ngóh hó m hó yíh chūng jihk*
Você tem um carregador de celular?	你有冇手機充電器?	*néih yáuh móuh sáu gēi chūng dihn hei*

VOCÊ PODE OUVIR...

你係邊位? *néih haih bīn wái*	Quem está falando?
唔該等一等。 *m gōi dáng yāt dáng*	Espere um momento.
我幫你接。 *ngóh bōng néih jip*	Eu ajudo você a atender.
佢唔喺度/接緊另一個電話。 *kéuih m hái douh / jip gán lihng yāt go dihn wá*	Ele/Ela não está aqui/está na outra linha.
你使不使留言? *néih sái m sái làuh yìhn*	Você gostaria de deixar recado?
之後/十分鐘後再打。 *jī hauh / sahp fān jūng hauh joi dá*	Ligue de novo mais tarde/daqui a dez minutos.
佢可唔可以打電話畀你? *kéuih hó m hó yíh dá dihn wá béi néih*	Ele/Ela pode retornar a ligação para mim?
你幾號電話? *néih géi houh dihn wá*	Qual é o seu número de telefone?

Telefones públicos podem ser encontrados na maioria das cidades na China, mas raramente nas áreas mais remotas. Esses telefones geralmente funcionam com fichas, e alguns podem ser usados com cartões de crédito ou cartões telefônicos, que podem ser adquiridos em mercearias, lojas de conveniência ou bancas de jornal. Para pagar uma taxa menor, faça ligações internacionais dos centros de chamadas telefônicas ou de bancas localizadas nas cidades maiores. Chamadas locais dentro da China e em hotéis geralmente são gratuitas.

As chamadas telefônicas feitas de Hong Kong para outras cidades da China e para Macau são consideradas chamadas de longa distância. Evite fazer chamadas internacionais em hotéis, onde serão adicionadas sobretaxas mais altas.

Para chamadas nacionais, tecle 0 + código de área + número do telefone.
Para chamadas para o Brasil, tecle 00 + 55 + código de área + número de telefone.

Você poderia dar o seu número de telefone?	可唔可以畀你嘅電話號碼我？	hó m hó yíh béi néih ge dihn wá houh máh ngóh
Este é o meu número de telefone.	呢個係我嘅號碼。	nī go haih ngóh ge houh máh
Por favor, ligue-me/ envie-me mensagem.	唔該你打電話/發短信畀我。	m gōi néih dá dihn wá/faat dyún seun béi ngóh
Eu ligarei/enviarei mensagem para você.	我會打電話/發短信畀你。	ngóh wúih dá dihn wá/faat dyún seun béi néih

Etiqueta ao telefone

Alô. Aqui é...	你好。我係…	néih hóu ngóh haih…
Posso falar com...?	我可唔可以同…傾？	ngóh hó m hó yíh tùhng… kīng
Por favor, continue...	唔該你轉…	m gōi néih jyun…

Fale mais alto/mais devagar, por favor.	唔該你大聲/慢慢講。 *m gōi néih daaih sēng/maahn máan góng*
Você poderia repetir?	你可唔可以再講？ *néih hó m hó yíh joi góng*
Eu ligarei de novo mais tarde.	我之後再打。 *ngóh jī hauh joi dá*
Tchau.	再見。 *joi gin*

Para *Números*, ver página 160.

Fax

Posso enviar/receber um fax aqui?	呢度可唔可以發/接傳真？ *nī douh hó m hó yíh faat/sāu chyùhn jān*
Qual é o número do fax?	傳真號係幾多？ *chyùhn jān houh máh haih géi dō*
Por favor, envie isto por fax para...	唔該你將呢個傳真畀… *m gōi néih jēung nī go chyùhn jān béi…*

Correio

Onde fica o correio/ caixa de correio?	郵局/郵箱喺邊度？ *yàuh gúk/yàuh sēung hái bīn douh*
Um selo para este cartão-postal/ carta para...	一張將呢張明信片/ *yāt jēung jēung nī jēung mìhng seun pín/ fūng seun gei dou… ge yàuh piu*

VOCÊ PODE OUVIR...

填好海關申報表。
tìhn hóu hói gwāan sān bou bíu
價值係幾多？ *ga jihk haih géi dō*
裏面裝啲乜野？ *léuih mihn jōng dī māt yéh*

Preencha o formulário de declaração aduaneira.
Qual é o valor?
O que tem dentro?

Quanto custa?	幾多？ *géi dō*
Envie este pacote pelo correio aéreo/correio expresso.	用航空/用快件寄呢個包裹 *yuhng hòhng hūng/yuhng faai gín gei nī go bāau gwó*
Dê-me um recibo, por favor.	唔該你畀收據我。 *m̀ gōi néih béi sāu geui ngóh*

Os correios podem ser encontrados em toda a China. Eles normalmente oferecem serviço de postagem por correio expresso, carta registrada, correio noturno e comum. Além disso, também podem receber o pagamento em nome de empresas de serviços de utilidade pública. Serviços de postagem estão disponíveis on-line. Ao enviar seus pacotes, você pode monitorar a situação da postagem, transferir quantias de dinheiro, encomendar mercadorias e pagar contas de serviços públicos.

À mesa

Saindo para comer	60
Refeições e preparo	69
Bebidas	80
No menu	84

Saindo para comer

O ESSENCIAL

Você pode recomendar um bom restaurante/bar?	你可唔可以介紹一間好嘅餐廳/酒吧？	*néih hó m hó yíh gaai siuh yāt gāan hóu ge chāan tēng/jáu bā*
Tem algum restaurante tradicional chinês/barato aqui perto?	附近有冇傳統嘅中國/唔貴嘅餐廳？	*fuh gahn yáuh móuh chyùhn túng ge jūng gwok/m gwai ge chāan tēng*
Uma mesa para uma pessoa/duas pessoas, por favor.	唔該畀一/兩人嘅檯我。	*m gōi béi yāt/léuhng yàhn ge tói ngóh*
Podemos nos sentar...?	我哋可唔可以坐喺…？	*ngóh deih hó m hó yíh chóh hái…*
aqui/lá	呢度/嗰度	*nī douh/gó douh*
lá fora	外面	*ngoih mihn*
em uma área para não fumantes	禁煙區	*gam yīn kēui*
Estou esperando uma pessoa.	我等緊人。	*ngóh dáng gán yàhn*
Onde fica o toalete?	洗手間喺邊度？	*sái sáu gāan hái bīn douh*
O cardápio, por favor.	唔該你畀菜牌我。	*m gōi néih béi choi páai ngóh*
O que você recomenda?	你介紹乜野菜呢？	*néih gaai siuh māt yéh choi nē*
Eu gostaria de...	我想要…	*ngóh séung yiu…*
Traga-me mais ..., por favor.	唔該你再畀一啲…我。	*m gōi néih joi béi yāt dī…ngóh*
Bom apetite!	慢用！	*maahn yuhng*

A conta, por favor.	唔該埋單。 *m gōi màaih dāan*
O serviço está incluso?	包唔包服務費？ *bāau m bāau fuhk mouh fai*
Posso pagar com cartão de crédito?	我可唔可以用信用卡畀錢？ *ngóh hó m hó yíh yuhng seun yuhng kāat béi chín*
Posso pegar um recibo?	我可唔可以要一張收據？ *ngóh hó m hó yíh yiu yāt jēung sāu geui*
Obrigado(a).	多謝！ *dō jeh*

Onde comer

Você pode recomendar...?	你可唔可以介紹…？ *néih hó m hó yíh gaai siuh…*
um restaurante	一間餐廳 *yāt gāan chāan tēng*
um bar	一間酒吧 *yāt gāan jáu bā*
uma cafeteria	一間咖啡室 *yāt gāan ga fē sāt*
um restaurante *fast-food*	一間快餐店 *yāt gāan faai chāan dim*
uma lanchonete	一間小食店 *yāt gāan síu sihk dim*
uma casa de chá	一間茶樓 *yāt gāan chàh làuh*
um restaurante barato	一間平價餐廳 *yāt gāan pèhng ga chāan tēng*
um restaurante caro	一間貴價餐廳 *yāt gāan gwai ga chāan tēng*
um restaurante com uma boa paisagem	一間風景好嘅餐廳 *yāt gāan fūng gíng hóu ge chāan tēng*
um restaurante autêntico/ não turístico	一間味道正宗/非旅遊觀光嘅餐廳 *yāt gāan meih douh jing jūng/fēi léuih yàuh gūn gwōng ge chāan tēng*

A autêntica culinária chinesa deve ser um dos destaques da sua viagem. Pela tradição chinesa, os alimentos devem ter um efeito de satisfação e cura; a refeição chinesa baseia-se no equilíbrio. Em razão do tamanho do país, a culinária varia muito de região para região. Os principais estilos são:

Culinária de Pequim (Norte)

O trigo é o principal alimento no norte da China, e não o arroz; por isso, a culinária de Pequim é composta principalmente de macarrão, pão cozido no vapor e guioza. Pequim é o lugar para experimentar o famoso pato laqueado – um pato assado, com pele crocante, envolto em uma massa fina de panqueca, junto com cebolinha e molho doce de feijão.

Culinária cantonesa (Sul)

A maioria dos restaurantes chineses fora da China apresenta o estilo da culinária cantonesa, então você provavelmente estará familiarizado com os pratos e sabores. Os pratos cozidos no vapor e as frituras são o carro-chefe da culinária cantonesa. Esses métodos de cozimento preservam as cores naturais, os sabores e as vitaminas dos alimentos. O arroz, cozido no vapor ou frito, é o acompanhamento tradicional da refeição cantonesa.

Culinária de Hunan (Centro)

A pimenta malagueta é uma especiaria popular da culinária de Hunan, assim como na região vizinha de Sichuan, o berço da culinária dessa região. A culinária de Hunan é conhecida pelos ricos molhos agridoces. A comida defumada e curada também é popular.

Culinária de Xangai (Leste)

Os pratos com frutos do mar e legumes são abundantes, uma vez que esse estilo culinário está presente na região em torno das áreas costeiras de Xangai. Não deixe de provar o caranguejo de água doce cozido no vapor, a enguia frita no mel, o *yellowfish* e o camarão *sauté*.

Culinária de Sichuan (Oeste)

A província de Sichuan é muito conhecida por seus pratos quentes e apimentados. A comida não é apenas apimentada; a culinária de Sichuan combina uma série de sabores: amargo, doce, azedo e ácido.

Reservas e preferências

Eu gostaria de reservar uma mesa...	我想訂一張···嘅檯。	ngóh séung dehng yāt jēung...ge tói
para dois	兩個人	léuhng go yàhn
para hoje à noite	今晚	gām māan
para amanhã às...	聽日···	tīng yaht...
Uma mesa para dois, por favor.	唔該畀一張兩個人嘅檯我。	m̀ gōi béi yāt jēung léuhng go yàhn ge tói ngóh
Nós temos uma reserva.	我哋有訂檯。	ngóh deih yáuh dehng tói
Meu nome é...	我嘅名係···	ngóh ge méng haih...
Podemos nos sentar...?	我哋可唔可以坐喺···？	ngóh deih hó m̀ hó yíh chóh hái...
aqui/lá	呢度/嗰度	nī douh/gó douh
lá fora	外面	ngoh mihn
em uma área para não fumantes	禁煙區	gam yīn kēui
perto da janela	近窗口	gahn chēung háu
na sombra	樹蔭下	syuh yam hah
no sol	太陽下	taai yèuhng hah
Onde fica o toalete?	洗手間喺邊度？	sái sáu gāan hái bīn douh

VOCÊ PODE OUVIR...

你有冇訂枱？ *néih yáuh móuh dehng tói* — Você tem uma reserva?
幾多人。 *géi dō yàhn* — Quantas pessoas?
吸煙區定係禁煙區？ *kāp yīn kēui dihng gam yīn kēui* — Na área de fumantes ou não fumantes?
你可以叫野未？ *néih hó yíh giu yéh meih* — Você quer fazer o pedido?
你想食乜野呢？ *néih séung sihk māt yéh nē* — O que você gostaria de pedir?
我介紹··· *ngóhgaai siuh...* — Eu recomendo...
慢慢食。 *maahn máan sihk* — Bom apetite.

Como fazer o pedido

Garçom/Garçonete!	伙記! *fó gei*
Nós queremos fazer o pedido.	我哋可以叫野喇。 *ngóh deih hó yíh giu yéh la*
A carta de vinhos, por favor.	唔該畀酒牌我。 *m gōi béi jáu páai ngóh*
Eu gostaria de...	我想要··· *ngóh séung yiu...*
uma garrafa de...	一樽··· *yāt jēun...*
uma jarra de...	一碴··· *yāt jā...*
um copo de...	一杯··· *yāt būi...*
O cardápio, por favor.	唔該你畀菜牌我。 *m gōi néih béi choi pai ngóh*
Você tem um cardápio em inglês/para crianças?	你係唔係有英文菜牌/兒童菜牌？ *néih haih m haih yáuh yīng màhn choi páai/yìh tùhng choi páai*
Você tem um cardápio com preços fixos?	你有冇固定價格嘅菜單？ *néih yáuh móuh gu dihng ga gaak ge choi dāan*
O que você recomenda?	你介紹乜野？ *néih gaai siuh māt yéh*
O que é isto?	呢啲係乜野？ *nī dī haih māt yéh*

Qual é o recheio?	裏面有乜野？	*léuih mihn yáuh māt yéh*
É apimentado?	辣唔辣？	*laaht m laaht*
Eu gostaria de...	我想要…	*ngóh séung yiu…*
Traga-me mais ..., por favor.	唔該我想再要…	*m gōi ngóh séung joi yiu…*
Com/sem ..., por favor.	有/冇…唔該	*yáuh/móuh…m gōi*
Eu não posso comer...	我唔食得…	*ngóh m sihk dāk…*
malpassado	嫩肉	*nyuhn yuhk*
no ponto	半生熟	*bun sāang suhk*
bem passado	全熟	*chyùhn suhk*
Eu vou levar para viagem.	我要拎走	*ngóh yiu nīng jáu*

VOCÊ PODE ENCONTRAR...

附加費 *fuh gā fai*	*couvert* artístico
固定價格 *gu dihng ga gaak*	cardápio com preço fixo
菜單 *choi dāan*	cardápio
當日菜單 *dōng yaht choi dāan*	cardápio do dia
（不）包括服務費 *(bāt) bāau kwut fuhk mouh fai*	serviço (não) incluso
配菜 *pui choi*	acompanhamentos
特色菜 *dahk sīk choi*	pratos especiais

Métodos de preparo

assado	烤	*hāau*
fervido	煮	*jyú*
cozido na caçarola	燜	*mān*
desnatado	提取乳脂	*tàih chéui yúh jī*
cortado em cubos	切成細塊	*chit sìhng sai faai*
cortado em filés sem espinhas	去骨切片	*heui gwāt chit pín*
frito	煎	*jīn*
grelhado	烤	*hāau*

cozido na água	水煮 séui jyú
torrado	烤 hāau
salteado (frito na manteiga)	炒 cháau
defumado	薰 fān
cozido no vapor	蒸 jīng
ensopado (guisado)	燉 dahn
recheado	有餡 yáuh háam

Restrições alimentares

Eu sou...	我係… ngóh haih…
diabético	糖尿病患者 tòhng liuh behng waahn jé
intolerante à lactose	乳糖過敏者 yúh tòhng gwo mán jé
vegetariano	素食者 sou sihk jé
vegano	素食者 sou sihk jé
Eu sou alérgico a...	我對…敏感。 ngóh deui…máhn gám
Eu não posso comer...	我唔食得… ngóh m sihk dāk…
laticínios	乳製品 yúh jai bán
glúten	麵筋 mihn gān
nozes	硬殼果 ngaahng hok gwó
carne de porco	豬肉 jyū yuhk
crustáceos	貝類 bui leuih
pimenta	辣 laaht

trigo	麵 mihn
É comida halal/kosher?	呢啲係唔係清真食品/猶太食品？ haih m haih chīng jān sihk bán/yàuh taai sihk bán
Você tem...?	你有冇…？ néih yáuh móuh
leite desnatado	脫脂嘅 tyut jī ge
leite integral	全脂奶 chyùhn jī náaih
leite de soja	豆漿 dauh jēung

Refeições com as crianças

Você tem porção para crianças?	你哋有冇兒童餐？ néih deih yáuh móuh yìh tùhng chāan
Uma cadeira para crianças/bebês, por favor.	唔該畀一張高凳/BB凳我。 m gōi béi yāt jēung gōu dang/bìh bī dang ngóh
Onde eu posso amamentar/trocar a fralda do bebê?	我喺邊度可以餵BB/幫BB換尿片？ ngóh hái bīn douh hó yíh wai bìh bī/bōng bìh bī wuhn liuh pín
Você poderia aquecer isto?	你可唔可以加熱？ néih hó m hó yíh gā yiht

Como reclamar

Quanto tempo vai demorar a comida?	仲要幾耐時間幫我哋上菜？ juhng yiu géi noih sìh gaan bōng ngóh deih séung choi
Nós não podemos esperar mais.	我哋唔可以再等喇。 ngóh deih m hó yíh joi dáng la
Nós vamos embora.	我哋要走喇。 ngóh deih yiu jáu la
Eu não pedi isto.	我冇叫呢碟菜。 ngóh móuh giu nī dihp choi
Eu pedi...	我叫咗… ngóh giu jó…
Não dá para comer isto.	呢個唔食得。 nī go m sihk dāk
Está muito...	呢個太… nī go taai…
frio/quente	凍/熱 dung/yiht
salgado/apimentado	鹹/辣 hàahm/laaht
duro/sem sabor	硬/淡 ngaahng/táahm
Isto não está limpo/fresco.	呢個唔乾淨/新鮮。 nī go m gōn jehng/sān sīn

Pagando a conta

A conta, por favor.	埋單。	màaih dāan
Dividiremos a conta.	分開畀。	fān hōi béi
Tudo junto.	一齊畀。	yāt chàih béi
O serviço está incluso?	包唔包服務費？	baau m baau fuhk mouh fai
Do que é este valor?	呢啲係乜野費用？	nī dī haih māt yéh fai yuhng
Eu não comi isto.	我冇食呢個。我食嘅係…	ngóh móuh sihk n
Eu comi...		go ngóh sihk ge haih…
Você poderia dar uma conta detalhada/ um recibo?	你可唔可以畀一張詳細帳單/收據我？	néih hó m hó yíh béi yāt jēung chèuhng sc jeung dāan/sāu geui ngóh
Estava delicioso!	呢個好好食！	nī go hóu hóu sihk
Eu já paguei.	我已經俾咗錢。	ngóh yíh gīng béi jó chín

> As gorjetas não são esperadas nem obrigatórias na China, no entanto, em Hong Kong, são bastante comuns. As taxas de serviço podem ser aplicadas em alguns restaurantes, especialmente aqueles que oferecem salas privativas. Você não verá impostos incluídos na conta. Não há nenhum imposto sobre vendas na China.

Refeições e preparo

Café da manhã

bacon	鹹肉	*hàahm yuhk*
pão	麵包	*mihn bāau*
manteiga	牛油	*ngàuh yàuh*
cereal	麥片	*mahk pín*
queijo	芝士	*jī sí*
café/chá…	…咖啡/茶	*…ga fē/chàh*
preto	黑	*hāk*
descafeinado	無咖啡因嘅	*mòuh ga fē yān ge*
com leite	加牛奶	*gā ngàuh náaih*
com açúcar	加糖	*gā tòhng*
com adoçante	加代糖	*gā doih tòhng*
bastões de massa frita	油炸鬼	*yàuh ja gwái*
ovo frito	煎蛋	*jīn dáan*
ovo cozido duro/mole	蛋煮得老/嫩	*dáan jyú dāk lóuh/nyuhn*
ovo cozido em folhas de chá	茶葉蛋	*chàh yihp dáan*
compota	果占	*gwó jīm*
geleia	啫厘	*jē léi*

Saindo para comer

Os chineses têm o costume de comer cedo. O café da manhã (早餐 *jóu chāan*) é servido geralmente entre seis e oito da manhã, e o almoço (晏晝 *ngaan jau*), entre onze da manhã e uma da tarde. Você provavelmente não conseguirá pedir o jantar (晚飯 *máahn faahn*) depois das oito da noite, exceto no sul, onde a vida social continua até tarde da noite. As refeições chinesas são apreciadas em grupo. As mesas muitas vezes têm plataformas giratórias para que os vários pratos possam ser compartilhados entre as pessoas. Utilize os palitinhos para ter mais alcance à comida.

Refeições e preparo

O café da manhã continental é servido na maioria dos hotéis que atendem europeus e americanos. Se você preferir um café da manhã ao estilo chinês, sua refeição poderá ser composta de arroz ou mingau de trigo, aos quais quase tudo pode ser acrescentado, como bastões de massa frita ou peixe salgado. A sopa de macarrão com pedaços de carne de porco ou legumes é outro tipo de café da manhã chinês muito popular.

suco de...	…汁 ...jāp
maçã	蘋果 pìhng gwó
toranja	西柚 sāi yáu
laranja	橙 cháang
leite	牛奶 ngàauh náaih
aveia	麥皮 mahk pèih
omelete	菴列 ngām liht
mingau de arroz	粥 jūk
linguiça/salsicha	香腸 hēung chéung
biscoito de semente de gergelim	芝麻燒餅 jī màh sīu béng
leite de soja	豆奶 dauh náaih
pão cozido no vapor	饅頭 maahn tàuh

pão recheado cozido no vapor	包 *bāau*
torrada	多士 *dō sí*
requeijão	乳酪 *yúh lohk*
água	水 *séui*

Entradas

pés de galinha	鳳爪 *fuhng jáau*
água-viva em molho frio	涼拌海蜇皮 *lèuhng buhn hói jït pèih*
carne cozida fria no molho	鹵牛肉 *lóuh ngàuh yuhk*
salada de pepino em molho de vinagre	涼拌黃瓜 *lèuhng buhn wòhng gwā*
picles	泡菜 *paau choi*
ovo em conserva	皮蛋 *pèih dáan*
camarão com sal e pimenta	椒鹽蝦 *jīu yìhm hā*
presunto fatiado	火腿 *fó téui*
carne defumada	薰肉 *fān yuhk*
rolinho primavera	春卷 *chēun gyún*
pão recheado cozido no vapor	蒸包 *jīng bāau*
guioza cozido no vapor	蒸餃 *jīng gáau*

Os aperitivos da culinária chinesa são servidos antes da refeição. Em muitos restaurantes, você pode pedir uma bandeja com uma seleção da maioria dos pratos frios.

Sopas

sopa...	...湯 ...tōng
de tofu	豆腐 dauh fuh
de frango	雞 gāi
de milho e ovo	粟米蛋 sūk máih dáan
de ovo mexido	蛋花 daahn fā
azeda e apimentada	酸辣 syūn laaht
de carne de boi, frutos do mar e ovo	三鮮 sāam sīn
de carne de porco em pedaços pequenos	肉絲 yuhk sī
de frutos do mar	海鮮 hói sīn
de costela	排骨 pàaih gwāt
de lula	魷魚 yàuh yú
de tomate	蕃茄 fāan ké
de legumes	菜 choi

Quando estiver na China, você poderá querer seguir a etiqueta chinesa. Tome sua sopa diretamente da tigela ou use a colher de cerâmica que lhe for oferecida. Os cotovelos deverm permanecer sobre a mesa, e a tigela deve ser levada à boca enquanto aprecia a sopa.

Peixes e frutos do mar

marisco	蜆 hín
bacalhau	鱈魚 syut yú
caranguejo	蟹 háaih
carpa cruciana	鯽魚 jāk yú
carpa herbívora	草魚 chóu yú
peixe-fita	帶魚 daai yú
alabote	大比目魚 daaih béi muhk yú

arenque	鯡魚	pàaih yú
lagosta	龍蝦	lùhng hā
polvo	章魚	jēung yùh
ostra	蠔	hòuh
salmão	三文魚	sāam màhn yú
robalo	鱸魚	lòuh yú
camarão	蝦	hā
carpa prateada	鰱魚	lìhn yú
linguado	板魚	báan yú
lula	魷魚	yàuh yú
peixe-espada	劍魚	gim yú
truta	鱒魚	jēun yú
atum	金槍魚	gām chōng yú

Carnes e aves

carne de boi	牛肉	ngàuh yuhk
frango	雞肉	gāi yuhk
carne de porco salgada	鹹肉	hàahm yuhk
carne de pato	鴨肉	ngaap yuhk
presunto	火腿	fó téui
coração (de porco)	(豬)心	(jyū) sām
rim (de porco)	(豬)腰	(jyū) yīu
carne de carneiro	羊肉	yèuhng yuhk
fígado de porco	豬肝	jyū gōn
vísceras de boi	牛雜	ngàuh jaahp
tripa de boi	牛柏葉	ngàuh paak yihp
carne de porco	豬肉	jyū yuhk
tripa de porco	豬肚	jyū tóuh
coelho	兔肉	tou yuhk
linguiça/salsicha	香腸	hēung chéung
costela de porco	豬扒	jyū pá
bife	牛扒	ngàuh pá

Vegetais e orgânicos

aspargo	露筍 *louh séun*
brócolis	西蘭花 *sāi làahn fā*
repolho	椰菜 *yèh choi*
cenoura	紅羅蔔 *hùhng lòh baahk*
couve-flor	菜心 *choi sām*
aipo (salsão)	芹菜 *kàhn choi*
repolho chinês	白菜 *baahk choi*
vagem chinesa (comprida e chata)	荷蘭豆 *hòh lāan dáu*
espinafre de água chinês	通菜 *tūng choi*
milho	粟米 *sūk máih*
berinjela	矮瓜 *ngái gwā*
alho	蒜 *syun*
feijão-verde	扁豆 *bín dáu*
mostarda	芥菜 *gaai choi*
alface	生菜 *sāang choi*
cogumelo	蘑菇 *mòh gū*
trigo	麵 *mihn*
nori (tipo de alga)	紫菜 *jí choi*
azeitona	橄欖 *gaam láam*
grão	豆 *dáu*

A maneira correta de comer uma tigela de arroz é segurando-a com uma mão e empurrando o arroz para sua boca com os palitinhos. Não espete os palitinhos na vertical em uma tigela de arroz; isso é considerado sinal de mau agouro, pois se assemelha aos incensos queimados em funerais ou santuários. Quando tiver terminado sua refeição, descanse os palitinhos na parte superior da tigela ou coloque-os sobre a mesa.

batata	薯仔 *syùh jái*
rabanete	蘿蔔 *lòh baahk*
pimentão vermelho/verde	紅/青椒 *hùhng/chēng jīu*
arroz	米 *máih*
alho-poró	大蔥 *daaih syun*
alga	海帶 *hói daai*
soja	黃豆 *wòhng dáu*
espinafre	菠菜 *bō choi*
tofu	豆腐 *dauh fuh*
tomate	蕃茄 *fāan ké*
legumes (vegetais)	菜 *choi*

Frutas

maçã	蘋果 *pìhng gwó*
damasco	杏 *hahng*
banana	香蕉 *hēung jīu*
cereja	車厘子 *chē lèih jí*
tâmara chinesa	棗 *jóu*
fruto do espinheiro	山碴 *sāan jā*
fruta	生果 *sāang gwó*
uva	提子 *tàih jí*
toranja	西柚 *sāi yáu*

kiwi	奇異果	kèih yih gwó
limão	檸檬	nìhng mūng
lima	青檸	chēng níng
olho-de-dragão	龍眼	lùhng ngáahn
lichia	荔枝	laih jī
tangerina	柑	gām
manga	芒果	mōng gwó
melão	蜜瓜	maht gwā
laranja	橙	cháang
pêssego	桃	tóu
pera	梨	léih
abacaxi	菠蘿	bō lòh
ameixa	李	léih
romã	石榴	sehk láu
bayberry vermelho	楊梅	yèuhng múi
morango	草莓/士多啤厘	chóu múi/sih dō bē léi

Os chineses raramente terminam uma refeição com sobremesa; em vez disso, comem frutas. Em geral, os doces são consumidos como lanche. Você pode comprar sobremesas em padarias, casas de chá e em alguns supermercados.

Sobremesas

mistura de frutas	生果 *sāang gwó*
pasta de feijão vermelho doce	紅豆沙 *hùhng dáu sā*

Molhos e temperos

sal	鹽 *yìhm*
pimenta	胡椒 *wùh jīu*
mostarda	芥末 *gaai muht*
ketchup	蕃茄醬 *fāan kē jeung*

No mercado

Onde ficam os carrinhos/cestas?	手推車/購物籃喺邊度？ *sáu tēui chē/kau maht láam hái bī douh*
Onde fica...?	...喺邊度？ *...hái bīn douh*
Eu quero isto/aquilo.	我想要嗰個/呢個。 *ngóh séung yiudī gó go/nī go*
Posso experimentar?	我可唔可以試吓？ *ngóh hó m hó yíh si háh*
Eu quero...	我想要··· *ngóh séung yiu...*
um quilo/ meio quilo de...	一公斤/半公斤... *yāt gūng gān/bun gūng gān...*
um litro de...	一升... *yāt sīng...*
um pedaço de...	一塊··· *yāt faai...*
Mais um pouco./Menos.	多啲/少啲。 *dō dī/síu dī*
Quanto custa?	幾多錢？ *géi dō chín*

VOCÊ PODE OUVIR...

我可唔可以幫你？ *ngóh hó m hó yíh bōng néih*	Posso ajudar?
你想要乜野？ *néih séung yiu māt yéh*	O que você está procurando?
仲要唔要第二啲？ *juhng yiu m yiu daih yih dī*	Mais alguma coisa?
嗰啲係港幣。 *gó dī haih góng baih*	Isto é dólar de Hong Kong.

Onde eu pago?	我喺邊度畀錢？ *ngóh hái bīn douh béi chín*
Uma sacola, por favor.	唔該畀一個袋我。 *m gōi béi yāt go dói ngóh*
Já estão me ajudando.	有人幫我喇。 *yúuh yàhn bōng ngóh la*

Na cozinha

abridor de garrafa	開瓶器 *hōi pìhng hei*
tigela	碗 *wún*
abridor de lata	罐頭刀 *gun táu dōu*
colher de cerâmica	湯羹 *tōng gāng*
pote de barro	沙鍋 *sā wō*

Nas grandes cidades da China, você encontrará supermercados que vendem uma variedade de produtos, alguns importados, bem como produtos alimentares. A maioria das compras de alimentos pode ser feita em mercados locais, onde podem ser encontrados carne fresca, peixe, frutas e legumes. Pequenas mercearias e lojas de conveniência vendem produtos alimentícios, como especiarias e molhos. Nessas lojas, você também poderá encontrar cigarros e bebidas alcoólicas.

saca-rolha	開酒器	hōi jáu hei
copo	杯	būi
garfo	叉	chā
frigideira	鑊	wohk
copo de vidro	玻璃杯	bō lēi būi
faca	餐刀	chāan dōu
copo de medidas	量杯	lèuhng būi
colher de medidas	量羹	lèuhng gāng
guardanapo	餐巾	chāan gān
prato	碟	díp
pote	鍋	wō
espátula	鏟	cháan
colher	瓷羹	chìh gāng
panela de vapor	蒸鍋	jīng wō
wok (tacho)	鑊	wohk

VOCÊ PODE ENCONTRAR...

過期日 gwo kèih	data de validade
卡路里 kā louh léih	calorias
無脂肪 mòuh jī fōng	sem gordura
需冷藏 sēui láahng chòhng	mantenha resfriado
含有微量… hàhm yáuh mèih leuhng…	pode conter traços de...
微波爐可用 mèih bō lòuh hó yuhng	pode ir ao micro-ondas
喺…之前出售 hái…jī chìhn chēut sauh	produzido por...
適合素食者 sīk hahp sou sihk jé	apropriado para vegetarianos

Bebidas

O ESSENCIAL

A carta de vinhos, por favor.	唔該畀酒牌我。	m gōi béi jáu páai ngóh
O que você recomenda?	你介紹乜野？	néih gaai siuh māt yéh
Eu quero uma garrafa/taça de vinho tinto/branco.	我想要一樽/杯紅/白酒。	ngóh séung yiu yāt jēun/būi hùhng/baahk jáu
Traga-me mais uma garrafa/taça, por favor.	唔該再畀一樽/杯我。	m gōi joi béi yāt jēun/būi ngóh
Eu quero provar a cerveja local.	我想飲當地嘅啤酒。	ngóh séung yám dōng deih ge bē jáu
Posso pagar-lhe uma bebida?	我可唔可以請你飲？	ngoh ho m ho yih chéng néih yám
Saúde!	乾杯！	gōn būi
Um café/chá, por favor.	唔該畀一杯咖啡/茶我。	m gōi béi yāt būi ga fē/chàh ngóh
Preto.	黑	hāk
Com...	加…	gā…
leite	牛奶	ngàuh náaih
açúcar	糖	tòhng
adoçante	代糖	doih tòhng
Um..., por favor.	唔該畀一杯…我。	m gōi béi yāt būi.. ngóh
suco	果汁	gwó jāp
refrigerante	蘇打水	sō dá séui
água com gás/destilada	有汽/蒸餾水	yáuh hei/jīng lauh séui
É seguro tomar esta água?	呢啲水可唔可以飲？	nī dī séui hó m hó yíh yám

Bebidas não alcoólicas

café	咖啡	*ga fē*
coca-cola	可樂	*hó lohk*
chocolate quente	熱朱古力	*yiht jyū gū līk*
suco	果汁	*gwó jāp*
chá...	···茶	*...chàh*
verde	綠	*luhk*
de jasmim	茉莉花	*muht léih fā*
de limão	檸檬	*nìhng mūng*
com leite	奶	*náaih*
oolong	烏龍	*wū lúng*
leite	牛奶	*ngàuh náaih*
refrigerante	蘇打水	*sō dá séui*
leite de soja	豆奶	*dauh náaih*
água com gás/destilada	有汽/蒸餾水	*yáuh hei/jīng lauh séui*

O chá é a bebida mais popular na China. Apesar de as casas de chá não serem tão comuns quanto antigamente, elas ainda são o local ideal para experimentar a bebida tradicional, apreciada sem leite ou açúcar. Na maioria dos quartos de hotel você vai encontrar frascos com água quente e saquinhos de chá verde ou preto.

O café moído é difícil de ser encontrado; já o café instantâneo geralmente está disponível no comércio.

Não beba água diretamente da torneira. Tome água mineral ou os refrigerantes chineses, que geralmente são muito doces e vendidos em todos os lugares. O leite de soja é muito popular, mas o leite de vaca pode ser encontrado em alguns supermercados.

VOCÊ PODE OUVIR...

我可唔可以請你飲野？ *ngóh hó m hó yíh chéng néih yám yéh* — Posso pagar-lhe uma bebida?

加牛奶定係加糖？ *gā ngàuh náuih dihng haih gā tòhng* — Com leite ou açúcar?

有汽水定係蒸餾水？ *yáuh hei séui dihng haih jīng lauh séui* — Água com gás ou destilada?

Aperitivos, drinques e licores

conhaque	白蘭地酒 *baahk lāan déi jáu*
aguardente chinesa	白酒 *baahk jáu*
gim	甑酒 *jīn jáu*
rum	林酒 *lām jáu*
uísque escocês	蘇格蘭威士忌酒 *sōu gaak làahn wāi sih gé*
tequila	龍舌蘭酒 *lùhng sit làahn jáu*
vodca	伏特加酒 *fuhk dahk gā jáu*
uísque	威士忌酒 *wāi sih géi jáū*

Cervejas

cerveja...	啤酒	*bē jáu*
de garrafa/chope	樽/生	*jēung/sāang*
escura/clara	黑/淡	*hāk/táahm*
local/importada	當地/進口	*dōng deih/jeun háu*
Tsingtao®	青島啤酒	*chīng dóu bē jáu*
lager/pilsen	淡啤/捷克黃啤	*táahm bē/jiht hāk wòhng bē*
não alcoólica	唔含酒精	*m hàhm jáu jīng*

Vinhos

vinho	葡萄酒	*pòuh tòuh jáu*
champanhe	香檳	*hēung bān*
vinho tinto/branco	紅酒/白酒	*hùhng jáu/baahk jáu*
vinho de mesa	餐酒	*chāan jáu*
espumante	汽酒	*hei jáu*
licor de sobremesa	飯後甜酒	*faahn hauh tìhm jáu*
seco/suave	乾/甜	*gōn/ tìhm*

Embora a China não seja conhecida pelas bebidas alcoólicas, há surpreendentemente uma grande oferta de bebidas. A aguardente chinesa é geralmente doce e tem sido produzida na China há milhares de anos. Cada região tem sua própria especialidade, que pode ser feita de arroz, frutas, flores ou ervas.

A cerveja Tsingtao® é muito popular na China, fabricada a partir da água mineral da montanha Laoshan. Você também poderá querer experimentar as cervejas locais: afinal, cada região tem a sua própria.

Os licores chineses são muitas vezes fermentados com as especialidades dos locais, como folhas de bambu, crisântemo e cravo. As bebidas mais famosas são 茅台酒 *màauh tòih jáu* e 五粮液 *ngh lèuhng yihk.*

No menu

abacate	牛油果 *ngàuh yàuh gwó*
abacaxi	菠蘿 *bō lòh*
abóbora	南瓜 *nàahm gwā*
açúcar	糖 *tòhng*
adoçante	代糖 *doih tòhng*
água	水 *séui*
aguardente chinesa	白酒 *baahk jáu*
aipo (salsão)	芹菜 *kàhn choi*
alabote	大比目魚 *daaih béi muhk yú*
alface	生菜 *sāang choi*
alga	海帶 *hói daai*
alho	蒜 *syun*
alho-poró	大蔥 *daaih syun*
ameixa	李 *léih*
ameixa seca	梅 *múi*
amêndoa	杏仁 *hahng yàhn*
amendoim	花生 *fā sāng*
anchova	鰛魚 *sìh yúh*
aperitivos	開胃酒 *hōi waih jáu*
arenque	鯡魚 *pàaih yú*
arroz (cru)	米 *máih*
aspargo	露筍 *louh séun*
assar	燒 *sīu*
atum	金槍魚 *gām chōng yú*
avelã	榛子 *jēun jí*
azeite	橄欖油 *gaam láam yàuh*
azeitona	橄欖 *gaam láam*
bacalhau	鱈魚 *syut yú*
bala	糖 *tóng*

bala de leite	牛奶糖	ngàuh náaih tóng
banana	香蕉	hēung jīu
batata	薯仔	syùh jái
batata-doce	番薯	fāan syú
batata frita	炸薯條	ja syùh tíu
batata frita (salgadinho)	薯片	syùh pín
baunilha	雲呢拿	wahn nēi ná
bayberry vermelho	楊梅	yèuhng múi
bebida alcoólica	酒	jáu
beringela	矮瓜	ngái gwā
bife	牛扒	ngàuh pá
bolacha	餅乾	béng gōn
bolo	蛋糕	daahn gōu
broto de feijão	芽菜	ngàh choi
cabrito	小羊肉	síu yèuhng yuhk
cachorro-quente	熱狗	yiht gáu
café	咖啡	ga fē
caju	腰果	yīu gwó
caldo	湯	tōng
camarão	蝦	hā
canela	肉桂	yuhk gwai

caramelo	焦糖	jīu tòhng
caramujo	蝸牛	wō ngàuh
caranguejo	蟹	háaih
carne	肉	yuhk
carne de boi	牛肉	ngàuh yuhk
carne de boi assada	烤牛肉	hāau ngàuh yuhk
carne de caranguejo	蟹肉	háaih yuhk
carne de carneiro	羊肉	yèuhng yuhk
carne de coelho	兔子肉	tou jái yuhk
carne de frango	雞肉	gāi yuhk
carne de ganso	鵝肉	ngòh yuhk
carne de pato	鴨肉	ngaap yuhk
carne de porco	豬肉	yü yuhk
carne de porco salgada	鹹肉	hàahm yuhk
carne de veado	鹿肉	luhk yuhk
carpa cruciana	鯽魚	jāak yú
carpa herbívora	草魚	chóu yú
carpa prateada	鰱魚	lìhn yú
castanha	栗子	leuht jí
cavala	鯖魚	chīng yú
cebola	蔥	chūng
cebolinha	香蔥	hēung chūng
cereal	穀物	gūk maht
cerefólio	細葉芹	sai yihp kàhn
cereja	士多啤厘	sih dō bē léi
cerveja	啤酒	bē jáu
chá	茶	chàh
chocolate	朱古力	jyū gü līk
coco	椰子	yèh jí
codorna	鵪鶉	ngām chēun
coentro	香菜	hēung choi

cogumelo	蘑菇	mòh gū
comida de caça (sabor silvestre)	野味	yéh méi
cominho	茴茜	yìhm sāi
compota	果占	gwó jīm
conhaque	白蘭地酒	baahk lāan déi jáu
consomé	清燉肉湯	chīng dahn yuhk tōng
cookie (biscoito)	曲奇	kūk kèih
coração	心臟	sām johng
couve-flor	菜心	choi sām
coxa	大腿肉	daaih téui yuhk
cravo	丁香	dīng hēung
cream cheese	芝士	jisí
creme *chantilly*	發泡奶油	faat póu náaih yàuh
creme de leite	奶油	náaih yàuh
creme de ovos	蒸蛋	jīng dáan
crustáceos	貝類	bui leuih
damasco	杏	hahng
docinhos	酥皮點心	sōu péi dím sām
enguia	鰻魚	maahn yú
entranhas de animais cortadas e cozidas	雜碎	jaahp seui

ervilha	豌豆	*wún dáu*
ervilha verde	青豆	*chēng dáu*
espaguete	意大利粉	*yi daaih leih fán*
especiarias	香料	*hēung líu*
espinafre	菠菜	*bō choi*
faisão	野雞	*yéh gāi*
farinha de trigo	麵粉	*mihn fán*
fígado	肝	*gōn*
figo	無花果	*mòuh fā gwó*
folha de louro	月桂葉	*yuht gwai yihp*
fruta	生果	*sāang gwó*
fruto do espinheiro	山碴	*sāan jā*
frutos do mar	海鮮	*hói sin*
galinha	母雞	*móuh gāi*
geleia	啫厘	*jē léi*
gelo (cubo)	冰	*bīng*
gema/clara do ovo	蛋黃 / 蛋白	*dáan wóng/dáan baahk*
gengibre	薑	*gēung*
gim	氈酒	*jīn jáu*
grão	豆	*dáu*
guioza	餃子	*gáau jí*
hambúrguer	漢堡包	*hon bóu bāau*
hortelã	薄荷	*bohk hòh*
hot dog	熱狗	*yiht gáu*
ketchup	茄汁	*ké jāp*
kiwi	奇異果	*kèih yih gwó*
lagosta	龍蝦	*lùhng hā*
lanche	小食	*síu sihk*
laranja	橙	*cháangi*
legumes e frutas da família do melão	瓜	*gwā*

leitão	乳豬	*yúh jyū*
leite	牛奶	*ngàuh náaih*
leite de soja	豆奶	*dauh náaih*
lentilha	扁豆	*bín dáu*
licor de laranja	甜橙酒	*tìhm cháang jáu*
licor de sobremesa	飯後甜酒	*faahn hauh tìhm jáu*
lima	青檸	*chēng níng*
limão	檸檬	*nìhng mūng*
limonada	檸檬水	*nìhng mūng séui*
língua	舌	*sit*
linguado	板魚	*báan yú*
linguiça/salsicha	香腸	*hēung chéung*
lombo de boi	牛腩	*ngàuh náahm*
lula	烏賊	*wū chaak*
maçã	蘋果	*pìhng gwó*
macarrão	通心粉	*tūng sām fán*
maionese	沙律醬	*sā léut jeung*
mamão	木瓜	*muhk gwā*
manga	芒果	*mōng gwó*
manteiga	牛油	*ngàuh yàuh*
margarina	沙律醬	*sā léut jeung*
marzipã	小杏仁餅	*síu hahng yàhn béng*
mel	蜂蜜	*fūng maht*
melancia	西瓜	*sāi gwā*
merengue	蛋白甜餅	*dáan baahk tìhm béng*
merluza	無鬚鱈	*mòuh sōu syut*
mexilhão	青口	*chēng háu*
milk-shake	奶昔	*náaih sīk*
milho	粟米	*sūk mái*
molho	調味汁	*tiuh meih jāp*
molho agridoce	甜酸醬	*tìhm syūn jeung*

molho de alho	蒜香汁	*syun hēung jāp*
molho de pimenta	辣醬	*laaht jeung*
molho de soja	豉油	*sih yàuh*
molusco	蜆	*hín*
morango	士多啤厘	*sih dō bē léi*
mostarda	芥辣	*gaai laaht*
nabo	白蘿蔔	*baahk lòh baahk*
nori (tipo de alga)	紫菜	*jí choi*
noz-moscada	豆蔻	*dauh kau*
noz-pecã	合桃	*hahp tòuh*
nozes	硬殼果	*ngaahng hok gwó*
olho de dragão (fruta)	龍眼	*lùhng ngáahn*
omelete	菴列	*ngām liht*
ostra	蠔	*hòuh*
ovo de galinha	雞蛋	*gāi dáan*
cebolinha chinesa refogada com ovo	韭菜炒雞蛋	*gáu choi cháau gāi dáan*
ovo cozido no vapor	蒸蛋	*jīng dáan*
ovo em conserva	皮蛋	*pèih dáan*
ovos com camarões descascados	蝦仁炒蛋	*hā yàhn cháau dáan*

ovos mexidos com pedaços de carne e legumes	芙蓉蛋 *fùh yùhng dáan*
pepino refogado com ovo	黃瓜炒雞蛋 *wòhng gwā cháau gāi dáan*
panqueca	薄煎餅 *bohk jīn béng*
panqueca recheada frita	油炸餡餅 *yàuh ja háam béng*
pão	麵包 *mihn bāau*
páprica	辣椒粉 *laaht jīu fán*
peito de frango	雞胸肉 *gāi hūng yuhk*
peixe	魚 *yú*
peixe-espada	劍魚 *gim yú*
peixe-pescador	扁鯊 *bín sā*
pepino	青瓜 *chēng gwā*
pera	梨 *léi*
perca	中國花鱸 *jūng gwok fā lòuh*
pernil	小腿肉 *síu téui yuhk*
peru	火雞 *fó gāi*
pescada	黑線鱈 *hāk sin syut*
pêssego	桃 *tóu*
picles	泡菜 *paau choi*
pimenta (vegetal)	辣椒 *laaht jīu*
pimenta-do-reino	胡椒 *wùh jīu*

Portuguese	Chinese	Romanization
pimentão	甜椒	tìhm jīu
pizza	比薩	pī sàh
polvo	章魚	jēung yùh
presunto	火腿	fó téui
queijo	芝士	jī sí
rabanete	蘿蔔	lòh baahk
rabo de boi	牛尾	ngàuh méih
recheio de carne	肉餡	yuhk háam
refrigerante	蘇打水	sō dá séui
repolho	椰菜	yèh choi
repolho roxo	紅葉椰菜	hùhng yihp yèh choi
requeijão	乳酪	yúh lohk
rim	腰	yīu
robalo	鱸魚	lòuh yú
romã	石榴	schk láu
rum	林酒	lām jáu
sal	鹽	yìhm
salada	沙律	sā léut
salame	沙樂美腸	sā lohk méih chéung
salmão	三文魚	sāam màhn yú
sanduíche	三文治	sāam màhn jih
sardinha	沙甸魚	sā dīn yú
soja (grão)	大豆	daaih dáu
sopa	湯	tōng
sorvete	雪糕	syut gōu
suco	果汁	gwó jāp
suco de maçã	蘋果汁	pìhng gwó jāp
talhar (cortar)	斬	jáam
tâmara chinesa	棗	jóu
tangerina	柑	gām
tempero	調味品	tiùh meih bán

Portuguese	Chinese	Romanization
tofu	豆腐	*dauh fuh*
apimentado	麻婆豆腐	*màh pòh dauh fuh*
com almôndegas de carne de porco	肉丸豆腐	*yuhk yún dauh fuh*
com camarão fresco	蝦仁豆腐	*hā yàhn dauh fuh*
sem casca		
com peixe	魚片豆腐	*yùh pín dauh fuh*
em pedaços com ovos	皮蛋豆腐	*pèih dáan dauh fuh*
em conserva		
em salada com molho de alho	涼拌豆腐	*èuhng buhn dauh fuh*
empanado	鍋塌豆腐	*wō taap dauh fuh*
frito recheado	鍋貼豆腐	*wō tip dauh fuh*
na panela de barro	沙鍋豆腐	*sā wō dauh fuh*
tomate	番茄	*seh hēung chóu*
tomilho	麝香草	*seh hēung chóu*
toranja	西柚	*sāi yáu*
torrada	多士	*dōsí*
torta, biscoito	餅	*béng*
trigo	麵	*mihn*
tripa	肚	*tóuh*
trufa (cogumelo)	菌	*kwán*
truta	鱒魚	*jēung yú*
uísque	威士忌	*wāi sih géi jáu*
uísque escocês	蘇格蘭威士忌酒	*sōu gaak làahn wāi sih géi jáu*
uva	提子	*tàih jí*
uva-passa	提子乾	*tàih jí gōn*
vegetal	菜	*choi*
vermute	苦艾酒	*fú ngaaih jáu*
vieira (concha)	扇貝	*sin bui*

vinagre	醋 *chou*
vinho	葡萄酒 *pòuh tòuh jáu*
vinho do Porto	缽酒 *būt jáu*
vodca	伏特加 *fuhk dahk gā*
xarope	糖漿 *tòhng jēung*
xerez	些利酒 *sē leih jáu*

Fazendo amigos

Conversação 96
Fazendo amigos 102

Conversação

O ESSENCIAL

Olá!	你好！	*néih hóu*
Como vai você?	你好嗎？	*néih hóu ma*
Estou bem, obrigado(a).	好好，多謝。	*hóu hóu dō jeh*
Por favor!	唔該！	*m gōi*
Você fala inglês?	你講唔講英文？	*néih góng m góng yīng màhn*
Qual é o seu nome?	你叫乜野名？	*néih giu māt yéh méng*
Meu nome é...	我叫…	*ngóh giu…*
Prazer em conhecê-lo.	好高興見到你。	*hóu gōu hing gin dóu néih*
De onde você é?	你喺邊度嚟？	*néih hái bīn douh làih*
Eu sou dos Estados Unidos/da Inglaterra.	我喺美國／英國嚟。	*ngóh hái méih gwok/yīng gwok làih*
Qual é a sua profissão?	你做乜野工作？	*néih jouh māt yéh gūng jok*
Eu sou...	我喺…做野	*ngóh hái…jouh yéh*
Eu sou estudante.	我係學生。	*ngóh haih hohk sāang*
Eu sou aposentado.	我退咗休。	*ngóh teui jó yāu*
Você quer...?	你想…？	*néih séung…*
Tchau.	再見。	*joi gin*

É cortês tratar as pessoas usando 先生 *sin sāang* (senhor), 女士 *néuih sih* (senhora) e 小姐 *síu jé* (senhorita). Os chineses respeitam especialmente mulheres e homens mais velhos, dirigindo-se a eles usando 哥哥 *gòh gō* e 姐姐 *jèh jē*, respectivamente.

Dificuldades com a língua

Você fala inglês?	你講唔講英文？	*néih góng m góng yīng màhn*
Tem alguém aqui que fale inglês?	呢度邊個識講英文？	*nī douh bīn go sīk góng yīng màhn*
Eu não falo chinês.	我唔識講中文。	*ngóh m sīk góng jūng màhn*
Você poderia falar mais devagar?	你可唔可以講慢啲？	*néih hó m hó yíh góng maahn dī*
Você poderia repetir?	你可唔可以再講一次？	*néih hó m hó yíh joi góng yāt chi*
Por favor?	唔該？	*m gōi*
O que é isto?	呢個係乜野？	*nī go haih māt yéh*
Você poderia soletrar?	你可唔可以串出嚟？	*néih hó m hó yíh chyun chēut làih*
Por favor, escreva.	唔該你寫低。	*m gōi néih sé dāi*
Você poderia traduzir isto para inglês para mim?	你可唔可以將呢個翻譯成英文？	*néih hó m hó yíh jēung nī go fāan yihk sìhng yīng màhn*
O que isto/aquilo significa?	呢個/嗰個係乜野意思？	*nī go/gó go haih māt yéh yi sī*

Eu entendi.	我明白喇。	ngóh mìhng baahk la
Eu não entendi.	我唔明白。	ngóh m mìhng baahk
Você entendeu?	你明白未？	néih mìhng baahk meih

> **VOCÊ PODE OUVIR...**
>
> 我講少少英文。 ngóh góng síu síu yīng màhn — Eu falo um pouco de inglês.
>
> 我唔識講英文。 ngóh m sīk góng yīng màhn — Eu não falo inglês.

Fazendo amigos

Olá!	你好！	néih hóu
Bom dia.	早晨。	jóu sàhn
Meu nome é...	我嘅名係…	ngóh ge méng haih…
Qual é o seu nome?	你叫乜野名？	néih giu māt yéh méng
Eu gostaria de lhe apresentar...	我想同你介紹…	ngóh séung tùhng néih gaai siuh…

Um leve e rápido aperto de mão é geralmente o cumprimento aceito na China. Um aceno sutil e uma leve reverência são outras saudações comuns. Você também poderá ver uma pessoa olhando para baixo ao encontrar alguém; isso é um gesto de respeito.

Prazer em conhecê-lo.	好高興見到你。 *hóu gōu hing gin dóu néih*
Como vai?	你好嗎？ *néih hóu ma*
Bem, obrigado(a). E você?	好好，多謝。你呢？ *hóu hóu dō jeh néih nē*

Falando sobre a viagem

Eu vim aqui...	我喺呢度… *ngóh hái nī douh…*
a negócios	工幹 *gūng gon*
de férias	度假 *douh ga*
para estudar	讀書 *duhk syū*
Eu vou ficar...	我要留… *ngóh yiu làuh…*
Eu estou aqui há...	我喺呢度已經…喇 *ngóh hái nī douh yíh gīng…la*
um dia	一日 *yāt yaht*
uma semana	一個星期 *yāt go sīng kèih*
um mês	一個月 *yāt go yuht*
De onde você é?	你喺邊度嚟? *néih hái bīn douh làih*
Eu sou de...	我喺…嚟。 *ngóh hái…làih*

Para *Números*, ver página 160.

Assuntos pessoais

Quem está com você?	你同邊個一齊嚟？	*néih tùhng bīn go yāt chàih làih*
Eu estou sozinho.	我一個人嚟嘅。	*ngóh yāt go yàhn làih*
Eu estou com meu/minha...	我同我嘅…一齊嚟嘅。	*ngóh tùhng ngóh ge... yāt chàih làih ge*
marido/esposa	老公/老婆	*lóu gūng/lóuh pòh*
namorado/namorada	男/女朋友	*nàahm/néuih pàhng yáuh*
amigo/colega	朋友/同事	*pàhng yáuh/tùhng sih*
Quando é o seu aniversário?	你嘅生日係幾時？	*néih ge sāang yaht haih géi sìh*
Quantos anos você tem?	你幾大年紀？	*néih géi daaih nìhn géi*
Eu tenho...	我…	*ngóh...*
Você é casado(a)?	你結咗婚未？	*néih git jó fān meih a*
Eu sou/estou...	我…	*ngóh...*
solteiro(a)/em um relacionamento	單身/有固定朋友	*dāan sān/yáuh gu dihng pàhng yáuh*
noivo(a)/casado(a)	訂咗婚/結咗婚	*dihng jó fān/git jó fān*
divorciado(a)/separado(a)	離咗婚/分咗居	*lèih jó fān/fān jó gēui*
viúvo(a)	老公 **m**/老婆 **f** 過咗身	*lóuh gūng/lóuh pòh gwo jó sān*
Você tem filhos/netos?	你有冇細蚊仔/孫仔？	*néih yáuh móuh sai mān jái/syūn jái*

Para *Números*, ver página 160.

Trabalhos e estudos

Qual é a sua profissão?	你做乜野工作？	*néih jouh māt yéh gūng jok*
O que você está estudando?	你學緊乜野？	*néih hohk gán māt yéh*
Eu estou estudando chinês.	我學緊中文。	*ngóh hohk gán jūng màhn*

Eu...	我… *ngóh…*
sou consultor	係一個顧問 *haih yāt go gu mahn*
trabalho período integral/ meio período	全職工作/兼職工作 *chyùhn jīk gūng jok/gīm jīk gūng jok*
estou desempregado	失咗業 *sāt jó yihp*
trabalho em casa	喺屋企工作 *hái ngūk kéi gūng jok*
Para quem você trabalha?	你幫邊個工作？ *néih bōng bīn go gūng jok*
Eu trabalho para...	我幫…工作。 *ngóh bōng…gūng jok*
Aqui está o meu cartão de visita.	呢張係我嘅咭片。 *nī jēung haih ngóh ge kāat pín*

Para *Viagem de negócios,* ver página 136.

Clima

Qual é a previsão do tempo?	天氣預告點？ *tīn hei yuh gou dím*
Que clima bom/ruim!	今日天氣真係好/唔好！ *gām yaht tīn hei jān haih hóu/m̀ hóu*
Está...	今日… *gām yaht...*
fresco/morno	涼/暖 *lèuhng/nyúhn*
frio/quente	凍/熱 *dung/yiht*
chovendo/ensolarado	落雨/好天 *lohk yúh/hóu tīn*
nevando/gelado	落雪/有冰 *lohk syut/yáuh bīng*
Eu preciso de uma jaqueta/ um guarda-chuva?	我需唔需要外套/遮？ *ngóh sēui m̀ sēui yiu ngoih tou/jē*

Fazendo amigos

O ESSENCIAL

Você gostaria de sair para tomar uma bebida/jantar?	你想唔想出去飲野/食晚飯？	*néih séung m séung chēut heui yám yéh/ sihk máahn faahn*
Quais são seus planos para hoje à noite/amanhã?	今晚/聽日你有乜野計畫？	*gām máahn/ tīng yaht néih yáuh māt yéh gai waahk*
Posso pegar seu número de telefone?	可唔可以畀你嘅電話號碼我？	*hó m hó yíh béi néih ge dihn wá houh máh ngóh*
Posso acompanhar você?	我可唔可以加入？	*ngóh hó m hó yíh gā yahp*
Posso pagar-lhe uma bebida?	我可唔可以請你飲野？	*ngóh hó m hó yíh chéng néih yám yéh*
Eu gosto de/amo você.	我鍾意/愛你。	*ngóh jūng yi/ngoi néih*

O jogo da conquista

Você gostaria de sair para tomar um café?	你想唔想出去飲咖啡？	*néih séung m séung chēut heui yám ga fē*
Você gostaria de sair para...?	你想唔想出去…？	*néih séung m séung chēut heui*
tomar uma bebida	飲杯嘢	*yám būi yéh*
jantar	食飯？	*sihk faahn*
Quais são os seus planos para...?	你…有乜野計畫？	*néih…yáuh māt yéh gai waahk*
hoje	今日	*gām yaht*
hoje à noite	今晚	*gām máahn*
amanhã	聽日	*tīng yaht*
este final de semana	呢個週末	*nī go jāu muht*

Aonde você gostaria de ir?	你想去邊度？	néih séung heui bīn douh
Eu gostaria de ir a...	我想去…	ngóh séung heui…
Você gosta de...?	你鍾唔鍾意…？	néih jūng m jūng yi…
Posso pegar seu telefone/e-mail?	可唔可以畀你嘅電話號碼/電郵我？	hó m hó yíh béi néih ge dihn wá houh máh/dihn yàuh ngóh
Você está no Facebook/Twitter?	你有冇註冊Facebook/Twitter？	néih yáuh móuh jyu chaak Facebook/Twitter
Posso acompanhar você?	我可唔可以加入？	ngóh hó m hó yíh gā yahp
Você é muito atraente.	你非常靚。	néih fēi sèuhng leng
Vamos a algum outro lugar mais tranquilo.	我哋去個安靜啲嘅地方啦。	ngóh deih heui go ngōn jihng dī ge deih fōng lā

Aceitando ou rejeitando

Ok./Está bem.	好。	hóu
Onde podemos nos encontrar?	我哋喺邊度見面？	ngóh deih hái bīn douh gin mihn
Encontro você no bar/no seu hotel.	我喺酒吧/你嘅酒店見你。	ngóh hái jáu bā/éih ge jáu dim gin néih
Eu vou às...	我…探你。	ngóh…taam néih
Qual é o seu endereço?	你嘅地址係乜野？	néih ge deih jí haih māt yéh
Podemos nos encontrar mais cedo/tarde?	我哋可唔可以早/夜啲？	ngóh deih hó m hó yíh jóu/yeh dī
Podemos nos encontrar outra hora?	第二個時間好唔好？	daih yih go sìh gaan hóu m hóu
Estou ocupado.	我好忙。	ngóh hóu mòhng
Não estou interessado.	我冇興趣。	ngóh móuh hing cheui
Deixe-me sozinho(a).	我一個人得喇。	ngóh yāt go yàhn dāk la
Pare de me incomodar!	唔使理我！	m sái léih ngóh

Os chineses são geralmente mais reservados e podem ficar desconfortáveis ao serem questionados diretamente sobre sua vida amorosa ou sexualidade.

Ganhando intimidade

Eu posso abraçar/beijar você?	我可唔可以攬住/錫你？	ngóh hó m hó yíh láam jyuh/sek néih
Sim.	得。	dāk
Não.	唔得。	m dāk
Eu gosto de/amo você.	我鍾意/愛你。	ngóh jūng yi/ngoih néih
Pare!	停！	tìhng

Preferências sexuais

Você é gay?	你係唔係男同性戀者？	néih haih m haih nàahm tùhng sing lyún jé
Eu sou...	我係···	ngóh haih…
heterossexual	異性戀	yih sing lyún
homossexual	同性戀	tùhng sing lyún
bissexual	雙性戀者	sēung sing lyún jé
Você gosta de homens/mulheres?	你鍾唔鍾意男人/女人？	néih jūng m jūng yi nàahm yán/néuih yán
Vamos a um bar gay.	我哋去一間基吧啦	ngóh deih heui yāt gāan gēi bā lā

As atitudes dos chineses em relação à homossexualidade são conservadoras; portanto, não é muito apropriado perguntar sobre a preferência sexual de alguém. É preferível não prestar atenção à orientação sexual das outras pessoas. No entanto, a comunidade gay na maioria das cidades chinesas está crescendo. As grandes cidades da China podem ter bares e clubes gays, mas normalmente ficam em locais discretos.

Pontos turísticos

Pontos turísticos	106
Compras	111
Esportes e lazer	126
Saindo	132

Passeios turísticos

O ESSENCIAL

Onde é a agência de informação turística?	旅遊資訊辦公室喺邊度？	*léuih yàuh jī seun baahn gūng sāt hái bīn douh*
Quais são as principais atrações?	主要景點係乜野？	*jyú yiu gíng dím haih māt yéh*
Tem guia turístico em inglês?	有冇英文導遊？	*yáuh móuh yīng màhn douh yàuh*
Eu posso pegar um mapa/guia?	我可唔可以要一張地圖/旅遊指南？	*ngóh hó m hó yíh yiu yāt jēung deih tòuh/léuih yàuh jí nàahm*

Informações turísticas

Você tem informações sobre...?	你有冇…嘅資訊？	*néih yáuh móuh…ge jī seun*
Como ir para lá?	我哋點去嗰度？	*ngóh deih dím heui gó douh*
Você pode recomendar...?	你可唔可以介紹…？	*néih hó m hó yíh gaai siuh…*
um ônibus turístico	巴士遊覽	*bā sí yàuh láahm*
uma excursão para...	去…遊覽	*heui…yàuh láahm*
um passeio turístico	觀光遊覽	*gūn gwōng yàuh láahm*

Fazendo uma excursão

Eu gostaria de fazer uma excursão para...	我想去…遊覽。	*ngóh séung heui…yàuh láahm*
Quando será o próximo passeio?	下一團幾時？	*hah yāt tyùhn géi sìh*

As agências de turismo que geralmente atendem os estrangeiros são a China Travel Services (www.chinatravelservice.com) e a China International Travel Service (www.cits.net). Esta última possui agências em toda a China, as quais oferecem diversos serviços (que variam de acordo com a localidade), como organização de passeios, reservas de hotéis, passagens de trens, ingressos para óperas, performances de acrobacia, concertos, entre outros. Operadoras de turismo menores podem também prestar assistência. Assegure-se de que a operadora de turismo seja devidamente licenciada antes de solicitar quaisquer serviços.

Tem guia turístico em inglês?	有冇英文導遊？	*yáuh móuh yīng màhn douh yàuh*
Tem um guia impresso/guia em áudio em inglês?	有冇英文嘅旅遊手冊/錄音旅遊指南？	*yáuh móuh yīng màhn ge léuih yàuh sáu chaak/luhk yām léuih yàuh jí nàahm*
A que horas partiremos/retornaremos?	我哋幾時出發/返嚟？	*ngóh deih géi sìh chēut faat/fāan làih*
Nós gostaríamos de ver...	我哋想睇睇…	*ngóh deih séung tái tái...*
Podemos parar aqui para...?	我哋可唔可以停喺呢度…？	*ngóh deih hó m hó yíh tìhng hái nī douh...*
tirar fotos	影相	*yíng séung*
comprar *souvenirs*	買紀念品	*máaih gei nihm bán*
ir ao banheiro	去洗手間	*heui sái sáu gāan*
É acessível para deficientes físicos?	殘疾人可唔可以用？	*chàahn jiht yàhn hó m hó yíh yuhng*

Para *Bilhetes*, ver página 22.

Visitando lugares

Onde fica...?	⋯⋯喺邊度？	...hái bīn douh
o campo de batalha	戰場	jin chèuhng
o jardim botânico	植物公園	jihk maht gūng yún
o castelo	城堡	sèhng bóu
a prefeitura	市政大廳	síh jing daaih tēng
o centro da cidade	市中心	síh jūng sām
a fonte	噴水池	pan séui chìh
o Congresso	大會堂	daaih wuih tòhng
a biblioteca	圖書館	tòuh syū gún
o mercado	商場	sēung chèuhng
o memorial (de guerra)	（戰爭）紀念館	(jin jāng) gei nihm gún
o museu	博物館	bohk maht gún
a cidade antiga	古鎮	gú jan
a casa de ópera	歌劇院	gō kehk yún
o palácio	宮殿	gūng dihn
o parque	公園	gūng yún
as ruínas	遺跡	wàih jīk
a área de compras	購物區	kau maht kēui
a praça da cidade	城市廣場	sèhng síh gwóng chèuhng

Você poderia mostrar no mapa?	你可唔可以喺地圖上面指畀我睇？	*néih hó m hó yíh hái deih tòuh seuhng mihn jí béi ngóh tái*
É acessível para deficientes físicos?	殘疾人可唔可以用？	*chàahn jaht yàhn hó m hó yíh yuhng*
É...	好…	*hóu...*
maravilhoso	犀利	*sāi leih*
lindo	靚	*leng*
chato	悶	*muhn*
interessante	有意思	*yáuh yi sī*
magnífico	壯觀	*jong gūn*
romântico	浪漫	*lohng maahn*
estranho	奇怪	*kèih gwaai*
impressionante	令人震驚	*lihng yàhn jan gīng*
assustador	可怕	*hó pa*
feio	難睇	*nàahn tái*
Eu (não) gostei.	我（唔）鍾意。	*ngóh (m) jūng yi*

Para *Como perguntar o caminho*, ver página 37.

Os pontos turísticos da China que você não pode deixar de visitar são: a Grande Muralha, a Cidade Proibida, o Palácio de Verão, as Tumbas da Dinastia Ming e os Guerreiros de Terracota. Templos, jardins e outros locais turísticos podem ser encontrados até mesmo nas menores cidades. Para saber mais sobre pontos turísticos locais, pergunte ao recepcionista do seu hotel ou em uma agência de turismo. Os locais turísticos são listados nos mapas das cidades que podem ser comprados em bancas de jornal ou de vendedores de rua.

Há muitos lugares para se conhecer na China. Durante a noite, há entretenimentos como concertos, performances acrobáticas, balé e ópera chinesa. Desses, você não pode deixar de ver a ópera cantonesa, uma combinação espetacular de música, dança, mímica e artes marciais.

Locais religiosos

Onde fica...?	…喺邊度？	*…hái bīn douh*
a igreja católica/ protestante	天主教/新教徒教堂	*tīn jyú gaau/sān gaau tòuh gaau tóng*
a mesquita	清真寺	*chīng jān jí*
o santuário	神殿	*sàhn dihn*
a sinagoga	猶太教堂	*yàuh taai gaau tòhng*
o templo	寺廟	*jih míu*
A que horas é a missa/ cerimônia?	彌撒/禮拜係幾時？	*nèih saat/láih baai haih géi sìh*

> A China oficialmente apoia o ateísmo, mas, desde a reforma do país, atividades religiosas abertas são permitidas. O budismo é a religião mais praticada na China. O taoismo, o islamismo e o cristianismo também são praticados. As religiões em Hong Kong e Macau não são reprimidas. Você pode encontrar igrejas e templos nas principais cidades.

Compras

O ESSENCIAL

Onde fica o mercado/shopping center?	街市/購物中心喺邊度？ *gāai síh/kau maht jūng sām hái bīn douh*
Eu estou só olhando.	我淨係睇吓。 *ngóh jihng haih tái háh*
Você poderia me ajudar?	你可唔可以幫我？ *néih hó m hó yíh bōng ngóh*
Já tem alguém me ajudando.	有人幫我喇。 *yáuh yàhn bōng ngóh la*
Quanto custa?	幾多錢？ *géi dō chín*
Aquele, por favor.	唔該畀嗰個我。 *m gōi béi gó go ngóh*
Isso é tudo.	就呢啲。 *jauh nī dī*
Onde posso pagar?	我喺邊度畀錢？ *ngóh hái bīn douh béi chín*
Eu vou pagar em dinheiro/com cartão de crédito.	我用現金/信用卡畀錢。 *ngóh yuhng yihn gām/seun yuhng kāat béi chín*
O recibo, por favor.	唔該畀收據我。 *m gōi béi sāu geui ngóh*

Nas lojas

Onde fica...?	⋯喺邊度？ *hái bīn douh*
o antiquário	古董店 *gú dúng dim*
a padaria	麵包鋪 *mihn bāau póu*
o banco	銀行 *ngàhn hòhng*
a livraria	書店 *syū dim*
a loja de câmeras fotográficas	相機鋪 *séung gēi póu*
a loja de roupas	時裝店 *sìh jōng dim*
a delicatéssen	熟食店 *suhk sihk dim*
a loja de departamentos	百貨公司 *baak fo gūng sī*
a loja de presentes	禮品店 *láih bán dim*
a loja de alimentos saudáveis	健康食品點 *gihn hōng sihk bán dim*
a joalheria	珠寶店 *jyū bóu dim*
a loja de bebidas	洋酒店 *yèuhng jáu dim*
o shopping center	購物中心 *kau maht jūng sām*
o mercado	街市 *gāai síh*
a loja de música	音樂商店 *yām ngohk sēung dim*
a confeitaria	麵包點心店 *mihn bāau dím sām dim*
a farmácia	藥房 *yeuhk fòhng*
a mercearia	食品店 *sihk bán dim*
a loja de sapatos	鞋鋪 *hàaih póu*
a loja de *souvenirs*	紀念品商店 *gei nihm bán sēung dim*
o supermercado	超級市場 *chīu kāp síh chèuhng*
a tabacaria	煙草鋪 *yin chóu pou*
a loja de brinquedos	玩具鋪 *wuhn geuih póu*

As lojas de departamentos geralmente vendem produtos de qualidade produzidos para exportação e oferecem uma boa seleção de souvenirs. Algumas lojas de departamentos podem enviar produtos para o exterior.

VOCÊ PODE OUVIR...

我可唔可以幫你？ ngóh hó m hó yíh bōng néih
唔該等一等。 m gōi dáng yāt dáng
你要乜野？ néih yiu māt yéh
仲要唔要第二啲？ juhng yiu m yiu daih yih dī

Posso ajudá-lo?

Um momento, por favor.
O que você deseja?
Mais alguma coisa?

Falando com um funcionário

Quando abre/fecha?	幾點開門/閂門？	géi dím hōi mùhn/sāan mùhn
Onde fica...?	⋯喺邊度？	...hái bīn douh
o caixa	收銀處	sāu ngán chyu
a escada rolante	電梯	dihn tāi
o elevador	電梯	dihn tāi
o provador	試身室	si sān sāt
o catálogo da loja	士多目錄	sih dō muhk luhk
Você poderia me ajudar?	你可唔可以幫我？	néih hó m hó yíh bōng ngóh
Eu só estou olhando.	我只係睇睇。	ngóh jí haih tái tái
Já estão me ajudando.	已經有人幫我喇。	yíh gīng yáuh yàhn bōng ngóh la
Você tem...?	你有冇⋯？	néih yáuh móuh...
Você poderia me mostrar...?	你可唔可以畀⋯我睇睇？	néih hó m hó yíh béi...ngóh tái tái
Você poderia enviar/embalar?	你可唔可以將呢啲野托運/打包？	nèih hó m hó yíh jēung nī dī yéh tok wahn/dá bāau

Quanto custa?	幾多錢？ *géi dō chín*
Isso é tudo.	就呢啲。 *jauh nī dī*

VOCÊ PODE ENCONTRAR...

開門 *hōi mùhn*	aberto
閂門 *sāan mùhn*	fechado
午飯時間關門 *ngh faahn sìh gaan gwāan mùhn*	fechado para almoço
試身室 *si sān sāt*	provador
付款處 *fuh fún chyu*	caixa
只收現金 *jí sāu yihn gām*	aceitamos somente dinheiro
接受信用卡 *jip sauh seun yuhng kāat*	aceitamos cartão de crédito
營業時間 *yìhng yihp sìh gaan*	horário comercial
出口 *chēut háu*	saída

Preferências

Eu gostaria de algo...	我想要⋯ *ngóh séung yiu...*
barato/caro	平啲/貴啲嘅 *pèhng dī/gwai dī ge*
maior/menor	大啲/細啲嘅 *daaih dī/sai dī ge*
melhor	好啲嘅 *hóu dī ge*
desta região	當地生產嘅 *dōng deih sāng cháan ge*
Em torno de ... dólar(es) de Hong Kong.	⋯蚊左右嘅。 *...mān jó yáu ge*
É de verdade?	呢啲係唔係真嘅？ *nī dī haih m haih jān ge*
Você poderia me mostrar este/aquele?	你可唔可以畀我睇吓呢個/嗰個？ *néih hó m hó yíh béi ngóh tái háh nī go/gó go*
Isto não é bem o que eu quero.	嗰個唔係我要嘅。 *gó go m haih ngóh yiu ge*
Não, eu não gostei.	我唔鍾意。 *ngóh m jūng yi*

É muito caro.	太貴喇。	taai gwai la
Eu vou pensar.	我要諗諗。	ngóh yiu nám nám
Eu quero.	我要。	ngóh yiu

Pagando e pechinchando

Quanto custa?	幾多錢？	géi dō chín
Eu vou pagar...	我要用…畀錢。	ngóh yiu yuhng…béi chín
em dinheiro	現金	yihn gām
com cartão de crédito	信用卡	seun yuhng kāat
com cheque de viagem	旅行支票	léuih hàhng jī piu
Posso usar este cartão ...?	我可唔可以用…卡？	ngóh hó m hó yíh yuhng…kāat
de débito	自動提款機	jih duhng tàih fún gēi
de crédito	信用	seun yuhng
de presente	禮品	láih bán
Como eu uso esta máquina?	呢架機器點樣用？	nī ga gēi hei dím yéung yuhng
O recibo, por favor.	唔該畀收據我。	m gōi béi sāu geui ngóh
É muito caro.	太貴喇。	taai gwai la
Eu lhe dou...	我畀…你。	ngóh béi…néih
Eu só tenho ... dólares de Hong Kong.	我只有…港幣。	ngóh jí yáuh…góng baih
Este é o seu melhor preço?	係唔係最低價？	haih m haih jeui dāi ga
Você poderia dar um desconto?	可唔可以打折？	hó m hó yíh dá jit

Em Hong Kong e em toda a China, a forma de pagamento aceita mais comum é em espécie. A maioria dos cartões de créditos é aceita em lojas maiores nos centros das grandes cidades.

VOCÊ PODE OUVIR...

你點樣畀錢？ *néih dím yéung béi chín*
你嘅信用卡被拒絕。
néih ge seun yuhng kāat beih kéuih jyuht
唔該出示你嘅身份證。
m gōi chēut sih néih ge sān fán jing
我哋唔接受信用卡。
ngóh deih m jip sauh seun yuhng kāat
唔該畀現金。 *m gōi béi yihn gām*

Como você prefere pagar?
Seu cartão de crédito foi recusado.
Por favor, mostre a sua identidade.
Não aceitamos cartões de créditos.
Somente pagamento em dinheiro, por favor.

Fazendo uma reclamação

Eu gostaria de...	我想… *ngóh séung…*
fazer uma troca	換一個 *wuhn yāt go*
devolver	退款 *teui fún*
falar com o gerente	見經理 *gin gīng léih*

Serviços

Você poderia recomendar...?	你可唔可以介紹…？ *néih hó m hó yíh gaai siuh…*
um barbeiro	一位理髮師 *yāt wái léih faat sī*
uma lavanderia a seco	一間乾洗店 *yāt gāan gōn sái dim*
um cabelereiro	一位髮型師 *yāt wái faat yìhng sī*
uma lavanderia	一間洗衣鋪 *yāt gāan sái yī póu*
um spa	一間溫泉 *yāt gāan wān chyùhn*
uma agência de turismo	一間旅行社 *yāt gāan léui hàhng séh*

Você poderia ... isto?	你可唔可以…呢個？	*néih hó m hó yíh... nī go*
trocar	改	*gói*
lavar	洗	*sái*
consertar	整	*jing*
passar	熨	*tong*
Quando fica pronto?	幾時做完？	*géi sìh jouh yùhn*

Cabelo e beleza

Eu gostaria de...	我想…	*ngóh séung...*
marcar um horário para hoje/amanhã	約一個今日 / 聽日嘅時間	*yeuk yāt go gām yaht/tīng yaht ge sìh gaan*
pintar o cabelo/ fazer luzes	染髮/挑染	*yíhm faat/tīu yíhm*
secar o cabelo	吹頭	*chēui tàuh*
cortar o cabelo	剪頭髮	*jín tàuh faat*
aparar as pontas do cabelo	剪髮	*jín faat*
Não muito curto.	唔好太短。	*m hóu taai dýun*
Mais curto aqui.	呢度再短一啲。	*nī douh joi dýun yāt dī*
Eu gostaria de...	我想…	*ngóh séung...*
fazer um tratamento facial	做面部美容	*jouh mihn bouh méih yùhng*
fazer manicure/pedicure	修手甲/腳甲	*sāu sáu gaap/geuk gaap*
fazer uma massagem	要按摩	*yiu ngon mō*
Você faz...?	你做唔做…？	*néih jouh m jouh...*
acupuntura	針灸	*jām gau*
aromaterapia	香薰療法	*hēung fān lìuh faat*
tratamento com oxigênio	氧氣治療	*yéuhng hei jih lìuh*
Você tem sauna?	你做唔做桑拿？	*néih jouh m jouh sōng nàh*

Alguns hotéis de luxo na China oferecem tratamentos faciais e corporais e massagens. Alguns têm até serviços exclusivos para hóspedes de spa, como casas de chá, tai chi e aulas de ioga. Verifique com o recepcionista do seu hotel ou a agência de turismo uma lista de spas, seus serviços e preços.

Antiquários

Quantos anos tem esta peça?	有幾長歷史？	*yáuh géi chèuhng lihk sí*
Você tem algo do período...?	你有冇...時期嘅野？	*néih yáuh móuh...sìh kèih ge yéh*
Eu devo preencher alguma ficha?	我使唔使填表？	*ngóh sái m sái tìhn mìhng*
Há algum certificado de autenticidade?	有冇真品證明？	*yáuh móuh jān bán jing mìhng*
Você poderia enviar/embalar?	你可唔可以送貨／包咗佢？	*néih hó mhó yíh sung fo/bāau jó kéuih*

Vestuário

Eu gostaria de...	我想要…	*ngóh séung yiu...*
Posso experimentar este?	我可唔可以試著？	*ngóh hó m hó yíh si jeuk*
Não serve.	唔適合。	*m sīk hahp*
É muito...	太…	*taai...*
grande/pequeno	大／細	*daaih/sai*
curto/longo	短／長	*dyún/chèuhng*
apertado/largo	緊／闊	*gán/fut*
Você tem isto no tamanho...?	呢件衫有冇…號嘅？	*nī gihn sāam yáuh móuh...houh ge*
Você tem isto em um tamanho maior/menor?	呢件衫有冇大／細啲嗎？	*nī gihn sāam yáuh móuh daaih/sai dī ge*

Cores

Eu gostaria de...	我想要…	*ngóh séung yiu…*
bege	米黃	*máih wòhng*
preto	黑色	*hāak sīk*
azul	藍色	*làahm sīk*
marrom (cor de café)	咖啡色	*ga fē sīk*
cinza	灰色	*fūi sīk*
verde	綠色	*luhk sīk*
laranja	橙色	*cháang sīk*
rosa	粉紅色	*fán hùhng sīk*
roxo	紫色	*jí sīk*
vermelho	紅色	*hùhng sīk*
branco	白色	*baahk sīk*
amarelo	黃色	*wòhng sīk*

VOCÊ PODE OUVIR...

嗰件衫好適合你。 *nī gihn sāam hóu sīk hahp néih*	Este ficou muito bem em você.
適唔適合我？ *sīk m sīk hahp ngóh*	Como ficou?
我哋冇你嘅尺寸。 *ngóh deih móuh néih ge chek chyun*	Nós não temos no seu tamanho.

Roupas e acessórios

mochila	背囊	*bui nòhng*
cinto	皮帶	*pèih dáai*
biquíni	比基尼	*béi gīn nèih*
blusa	女裝恤衫	*néuih jōng sēut sāam*
sutiã	胸圍	*hūng wàih*
cueca/calcinha	男裝底褲/女裝底褲	*nàahm jōng dái fu/néuih jōng dái fu*
casaco	外套	*ngoih tou*
vestido	禮服	*láih fuhk*
chapéu	帽	*móu*
jaqueta	褸	*lāu*
calça jeans	牛仔褲	*ngàuh jái fu*
pijama	睡衣	*seuih yī*
calça	長褲	*chèuhng fu*
meia-calça	絲襪	*sī maht*
bolsa	女裝銀包	*néuih jōng ngàhn bāau*
capa de chuva	雨褸	*yúh lāu*
echarpe	絲巾	*sī gān*
camisa	恤衫	*sēut sām*
shorts	短褲	*dyún fu*
saia	裙	*kwàhn*
meias	襪	*maht*
terno	套裝	*tou jōng*
óculos de sol	太陽眼鏡	*taai yèuhng ngáhn géng*
suéter	毛衫	*mòuh sāam*
camiseta de ginástica	運動衫	*wahn duhng sāam*
maiô/sunga	泳衣	*wihng yī*
camiseta	T恤	*tī sēut*
gravata	領呔	*léhng tāai*
roupa íntima	底衫	*dái sāam*

VOCÊ PODE ENCONTRAR...

男士嘅 *nàahm sih ge*	masculino
女士嘅 *néuih sih ge*	feminino
細蚊仔嘅 *sai mān jái ge*	infantil

Tecidos

Eu gostaria de…	我想要… *ngóh séung yiu…*
algodão	棉布 *mìhn bou*
brim	粗棉布 *chōu mìhn bou*
renda	花邊 *fā bīn*
couro	皮 *péi*
linho	麻布 *màh bou*
seda	絲綢 *sī chàuh*
lã	羊毛 *yèuhng mòuh*
Pode ser lavado na máquina?	可唔可以機洗？ *hó m hó yíh gēi sái*

Calçados

Eu gostaria de…	我想要… *ngóh séung yiu…*
sapatos de salto alto/ sem salto	高掙鞋/平底鞋 *gōu jāang hàaih/pìhng dái hàaih*
botas	靴 *hēu*

Roupas chinesas e ocidentais são vendidas em mercados de rua e lojas de departamentos locais, geralmente a preços muito razoáveis. Roupas de grife estão disponíveis em butiques de luxo, encontradas em cidades maiores. A China é conhecida por sua produção de seda; as roupas de seda e o tecido (vendido por jardas) podem ser comprados em muitas lojas.

Em lojas de departamentos e lugares onde as roupas são feitas para exportação, os tamanhos são indicados como pequeno, médio e grande. A maioria das outras lojas de vestuário apresenta medidas chinesas que combinam a altura e o tamanho do tórax, e essas medidas aparecem em centímetros. Por exemplo, se você tem 1,70 m de altura e tórax medindo 90 cm, procure roupas com o tamanho 170/90. Os tamanhos infantis são indicadas pela altura, em centímetros.

mocassins	平底便服鞋 *pìhng dái bihn fuhk hàaih*
sandálias	涼鞋 *lèuhng hàaih*
sapatos	鞋 *hàaih*
chinelos	拖鞋 *tō háai*
tênis	運動鞋 *wahn duhng hàaih*
No tamanho...	⋯號 *...houh*

Tamanhos

medida do peito	胸圍 *hūng wàih*
medida da cintura	腰圍 *yīu wàih*
altura	身長 *sān chèuhng*
superpequeno (PP)	加細碼 *gā sai máh*
pequeno (P)	細碼 *sai máh*
médio (M)	中碼 *jūng máh*
grande (G)	大碼 *daaih máh*
supergrande (GG)	加大碼 *gā daaih máh*
tamanhos grandes	加加大碼 *gā gā daaih máh*

Banca de jornal e tabacaria

Você vende jornal em inglês?	你賣唔賣英文報紙？ *néih maaih m maaih yīng màhn bou jí*
Eu gostaria de comprar...	我想買… *ngóh séung máaih…*
balas (doces)	糖（甜品）*tóng (tìhm bán)*
chicletes	香口膠 *hēung háu gāau*
uma barra de chocolate	朱古力 *jyū gú lihk*
charutos	雪茄 *syut kā*
uma caixa/um pacote de cigarro	一包／一條煙 *yāt bāau/yāt tìuh yīn*
um isqueiro	一個打火機 *yāt go dá fó gēi*
uma revista	一本雜誌 *yāt bún jaahp ji*
fósforos	火柴 *fó chàaih*
um jornal	一份報紙 *yāt fahn bou jí*
uma caneta	一支筆 *yāt jī bāt*
um cartão telefônico	一張電話卡 *yāt jēung dihn wá kāat*
um cartão-postal	一張明信片 *yāt jēung mìhn seun pín*
um mapa da rua.../ da cidade	…道路／市區地圖 *…douh louh/síh kēui deih tòuh*
selos	郵票 *yàuh piu*

O China Daily é o jornal oficial em inglês da China, que está disponível na maioria das grandes cidades. O *South China Morning Post* é um jornal popular em inglês vendido em Hong Kong, que pode ser encontrado em hotéis e lojas de conveniência. Em cidades maiores, revistas internacionais e jornais em inglês estão geralmente disponíveis em hotéis e grandes bancas de jornal. Você também pode encontrar um canal em língua inglesa na televisão do seu hotel.

Fotografia

Eu gostaria de comprar uma câmera fotográfica...	我想買一個…相機。	*ngóh séung máaih yāt go…séung gēi*
automática	自動	*jih duhng*
digital	數碼	*sou máh*
descartável	即棄	*jīk hei*
Eu gostaria de...	我想…	*ngóh séung…*
uma bateria	買一個電芯	*máaih yāt go dihn sām*
fotos digitais	數碼列印照片	*sou máh liht yan jiu pín*
um cartão de memória	買存儲卡	*máaih chyúh jihk kaat*
Posso imprimir fotos digitais aqui?	我可唔可以喺呢度列印數碼照片？	*ngóh hó m hó yíh hái nī douh liht yan sou máh jiu pín*

Souvenirs

livros	書	*syū*
chocolates	朱古力	*jyū gū līk*
artigos de caligrafia	書法用品	*syū faat yuhng bán*
pintura chinesa	中國畫	*jūng gwok wá*
pauzinhos (para comer)	筷子	*faai jí*
cloisonné (pintura esmaltada)	景泰藍	*gíng taai làahm*
boneco	公仔	*gūng jái*
jade	玉	*yúk*
chaveiro	鑰匙扣	*só sìh kau*
artigos laqueados	漆器	*chāt hei*
porcelana	瓷器	*chìh hei*
cartão-postal	明信片	*mìhng seun pín*
cerâmica	瓷器	*chìh hei*
seda	絲綢	*sī chàuh*
camisetas	T恤	*tī sēut*
brinquedos	玩具	*wuhn geuih*

Posso ver este/aquele?	我可唔可以睇睇呢個/嗰個？	*ngóh hó m hó yíh tái tái nī go/gó go*
Está na vitrine/mostruário.	喺櫥窗/陳列櫃裏面。	*hái chyùh chēung/chàhn liht gwaih léuih mihn*
Eu gostaria de...	我想要…	*ngóh séung yiu…*
uma bateria	一個電芯	*yāt go dihn sām*
um bracelete	一隻手扼	*yāt jek sáu ngáak*
um broche	一個心口針	*yāt go sām háu jām*
um relógio	一個鐘	*yāt go jūng*
brincos	一對耳環	*yāt deui yíh wáan*
um colar	一條頸鏈	*yāt tiùh géng lín*
um anel	一隻戒指	*yāt jek gaai jí*
um relógio de pulso	一個手錶	*yāt go sáu bīu*
bronze	銅	*tùhng*
cristal	水晶	*séui jīng*
diamante	鑽石	*jyun sehk*
ouro branco/amarelo	白/黃金	*baahk/wòhng gām*
pérolas	珍珠	*jān jyū*

As lembranças chinesas típicas incluem telas e roupas de seda, jade, pérolas e porcelana. O jade é tradicionalmente usado para trazer boa sorte, como uma proteção contra doenças e como um amuleto para os viajantes. As pérolas também fazem parte da tradição chinesa e foram usadas por imperadores e outros nobres. Artigos de caligrafia, pipas, recortes de papel e pauzinhos também são souvenirs populares e podem ser encontrados em shoppings, lojas de departamentos e mercados de rua locais.

Se você gosta de antiguidades, saiba que itens datados de antes de 1795 não podem ser legalmente exportados; qualquer antiguidade que saia da China deve ter um pequeno selo vermelho, fornecido pelo Departamento de Relíquias Culturais.

platina	鉑金	*baahk gām*
prata esterlina	純銀	*sèuhng ngán*
É verdadeiro?	呢啲係唔係真嘅？	*nī dī haih m haih jān g*
Você poderia gravar o nome na peça?	你可唔可以喺上面刻字？	*néih hó m hó yíh hái seuhng mihn hāk jih*

Esportes e lazer

O ESSENCIAL

Quando é o jogo?	幾時比賽？	*géi sìh béi choi*
Onde fica...?	…喺邊度？	*…hái bīn douh*
a praia	海灘	*hói tāan*
o parque	公園	*gūng yún*
a piscina	泳池	*wihng chìh*
É seguro nadar aqui?	喺呢度游水安唔安全？	*hái nī douh yàuh séui ngōn m ngōn chyùhn*
Posso alugar tacos de golfe?	可唔可以租棒球？	*hó m hó yíh jōu kàuh páahng*
Quanto é por hora?	每個鍾頭幾多錢？	*múih go jūng tàuh géi dō chín*
Qual é a distância para...?	去…有幾遠？	*heui…yáuh géi yúhn*
Por favor, mostre-me no mapa.	唔該喺地圖上面指畀我睇。	*m gōi hái deih tòuh seuhng mihn jí béi ngóh tái*

Assistindo a jogos

Quando é o jogo/ a partida de...?	…比賽係幾時？	*…béi choi haih géi sìh*
badminton	羽毛球	*yúh mòuh kàuh*
beisebol	棒球	*páahng kàuh*
basquete	籃球	*làahm kàuh*

Quem acorda cedo, sem dúvida, encontrará pessoas praticando tai chi (太極 *taai gihk*), uma combinação de artes marciais e movimentos de relaxamento, em parques por toda a China. Alguns também praticam Qigong (氣功 *hei güng*), exercícios de respiração e movimento. Se você estiver interessado em participar, a multidão irá recebê-lo.

Outros esportes apreciados na China incluem badminton e tênis de mesa. As quadras de vôlei e piscinas podem ser encontradas em todo o país. Se você está procurando exercitar o cérebro em vez de alongar o corpo, tente o Mahjong (麻雀 *màh jeuk*), um popular jogo de estratégia chinês. O xadrez e os jogos de cartas chineses também são comuns.

boxe	拳擊	*kyùhn gīk*
golfe	高爾夫球	*gōu yíh fū kàuh*
artes marciais	武術	*móuh seuht*
tênis de mesa	乒乓波	*bīng bām bō*
futebol	足球	*jūk kàuh*
tênis	網球	*móhng kàuh*
vôlei	排球	*pàaih kàuh*
luta livre	摔跤	*sēut gāau*
Quem está jogando?	邊個打緊波？	*bīn go dá gán bō*
Onde fica o hipódromo/estádio?	跑馬場/體育場喺邊度？	*páau máh chèuhng/wahn duhng chèuhng hái bīn douh*
Onde eu posso fazer uma aposta?	我可以係邊度落注？	*ngóh hó yíh haih bīn douh ohk jyu*

Praticando esportes

Onde fica...?	…喺邊度？	*…hái bīn douh*
o campo de golfe	高爾夫球場	*gōu yíh fū kàuh chèuhng*
a academia	健身房	*gihn sān fòhng*
o parque	公園	*gūng yún*

a quadra de tênis	網球場	móhng kàuh chèuhng
Quanto é por...?	每⋯幾多錢？	múih... géi dō chín
dia	日	yaht
hora	個鐘頭	go jūng tàuh
jogo	場比賽	chèuhng béi choi
partida	輪比賽	lèuhn béi choi
Posso alugar...?	我可唔可以租⋯？	ngóh hó m hó yíh jōu...
tacos de golfe	球棒	kàuh páahng
equipamentos	設備	chit beih
uma raquete	一個球拍	yāt go kàuh paak

Na praia/piscina

Onde fica a praia/piscina?	海灘/泳池喺邊度？	hói tāan/wihng chìh hái bīn douh
Tem...?	有冇⋯？	yáuh móuh...
piscina infantil	兒童泳池	yìh tùhng wihng chìh
piscina coberta/ao ar livre	室內/室外游泳池	sāt noih/sāt ngoih yàuh wihng chìh
salva-vidas	救生員	gau sāng yùhn
É seguro...?	⋯安唔安全？	...ngōn m ngōn chyùhn
nadar	游水	yàuh séui
mergulhar	潛水	chìhm séui
para crianças	細蚊仔用	sai mān jái yuhng
Eu gostaria de alugar...	我想租⋯	ngóh séung jōu...
uma espreguiçadeira	一張接椅	yāt jēung jip yí
equipamento de mergulho	一套潛水用具	yāt tou chìhm séui yuhng geuih
um *jet ski*	一套噴氣式滑水板	yāt gou pan hei sīk waaht séui báan
uma lancha	一艘汽艇	yāt sáu hei téng
um barco a remo	一隻艇仔	yāt jek téng jái

Praias públicas podem ser encontradas ao redor de Hong Kong e ao longo da costa leste da China. As praias mais populares normalmente são muito cheias, portanto chegue cedo para conseguir um bom local.

equipamento de mergulho	潛水設備	*chìhm séui chi beih*
uma prancha de surfe	一塊滑浪板	*yāt faai waaht lohng báan*
uma toalha	一條毛巾	*yāt tìuh mòuh gān*
um guarda-chuva	一把遮	*yāt bá jē*
esquis aquáticos	滑水橇	*waaht séui hīu*
um barco a vela	一隻帆船	*yāt jek fàahn syùhn*
Por ... hora(s).	一共…個鐘頭。	*yāt guhng…go jūng tàuh*

Esportes de inverno

Um bilhete para a pista de patinação, por favor.	唔該一張溜冰場入場券。	*m gōi yāt jēung làuh bīng chèuhng yahp chèuhng hyun*
Eu quero alugar patins de gelo.	我想租溜冰鞋。	*ngóh séung jōu làuh bīng hàaih*
Posso fazer aulas de patinação?	我可唔可以上溜冰堂。	*ngóh hó m hó yíh séung làuh bīg tòhng*
Sou iniciante.	我係初學者。	*ngóh haih chō hohk jé*
Por favor, uma passagem de teleférico para um dia/cinco dias.	一日/五日纜車接送，唔該。	*yāt yaht/ńgh yaht laahm chē jip sung, m gōi*

Devido às temperaturas amenas durante todo o ano, os esportes de inverno geralmente não são populares no Cantão. As pistas de patinação podem ser encontradas dentro de alguns dos grandes shopping centers de Hong Kong.

VOCÊ PODE ENCONTRAR...

電梯 *dihn tāi*	elevador
牽引電梯 *hīn yáhn dihn tāi*	telesqui
纜車 *laahm chē*	teleférico
升降椅 *sīng gong yí*	cadeira do teleférico
新手 *sān sáu*	iniciante
中等水平 *jūng dáng séui pìhng*	intermediário
專家 *jyūn gā*	especialista
小路［滑雪道］關咗 *síu louh [waaht syut douh] gwāan jó*	trilha (pista) fechada

Eu gostaria de alugar...	我想租… *ngóh séung jōu*
botas	靴 *hēu*
um capacete	一個頭盔 *yāt go tàuh kwāi*
um bastão de esqui	雪杖 *syut jeuhng*
um esqui	滑雪板 *waaht syut báan*
uma prancha de *snowboard*	一塊滑雪單板 *yāt faai waaht syut dāan báan*
botas de neve	雪地鞋 *yāt faai waaht syut dāan báan*
Estes são muito grandes/pequenos.	呢啲太大/太細 *nī dī taai daaih / taai sai*
Tem algum curso?	有冇培訓課程？*yáuh móuh pùih fan fo chìhng*
Eu tenho experiência.	我有經驗。*ngóh yáuh gīng yihm*
Um mapa da pista, por favor.	一幅地形圖，唔該。*yāt fūk deih yìhng tòuh, m gōi*

Pelo país afora

Um mapa ..., por favor..	唔該畀一份…地圖我。*m gōi béi yāt fahn.. deih tòuh ngóh*
desta região	呢個地區嘅 *nī go deih kēui ge*

	das rotas de caminhada	步行路線 *bouh hàhng louh sin*
	das rotas de bicicleta	單車路線 *dáan chē louh sin*
	das trilhas	行山道 *hàahng sāan douh*
É...?		係唔係…？ *haih m haih…*
	fácil	容易 *yùhng yi*
	difícil	難 *nàahn*
	longe	遠 *yúhn*
	íngreme	斜 *che*
Estou exausto.		我好癐喇。 *ngóh hóu guih la*
Qual é a distância para...?		離…有幾遠？ *lèih…yáuh géi yúhn*
Mostre-me no mapa, por favor.		唔該喺地圖上面指畀我睇。 *m gōi hái deih tòuh seuhng mihn jí béi ngóh tái*
Estou perdido.		我盪失路。 *ngóh dohng sāt louh*
Onde fica...?		…喺邊度？ *…hái bīn douh*
	a ponte	橋 *kìuh*
	a caverna	洞 *duhng*
	a falésia	懸崖 *yùhn ngàaih*
	o deserto	沙漠 *sā mohk*
	a fazenda	農場 *nùhng chèuhng*
	o campo	農田 *nùhng tìhn*
	a floresta	森林 *sām làhm*
	a montanha	山 *sāan*

Esportes e lazer

o lago	湖	wùh
a reserva natural	自然保護區	jih yìhn bóu wuh kēui
o parque	公園	gūng yún
o caminho	道路	douh louh
o pico	山頂	sāan déng
a área de piquenique	野餐區	yéh chāan kēui
a lagoa	池塘	chìh tòng
o rio	河流	hòh làuh
o mar	大海	daaih hói
o riacho	小河	síu hòh
as águas termais	溫泉	wān chyùhn
o vale	山谷	sāan gūk
o mirante	觀景點	gūn gíng dím
a vinícola	葡萄園	pòuh tòuh yùhn
a cachoeira	瀑布	bohk bou

Saindo

O ESSENCIAL

O que podemos fazer à noite?	夜晚可以做乜野呢？	yeh máahn hó yíh jouh māt yéh nē
Você tem uma programação dos eventos?	你有冇節目表？	néih yáuh móuh jit muhk bíu
O que vamos fazer hoje à noite?	今晚做乜野？	gām máahn jouh māt yéh
Onde fica...?	…喺邊度？	...hái bīn douh
o centro da cidade	市中心	síh jūng sām
o bar	酒吧	jáu bā
a danceteria	跳舞俱樂部	tiu móuh kēui lohk bouh
Tem *couvert* artístico?	有冇附加費？	yáuh móuh fuh gā fai

Entretenimento

Você poderia recomendar...?	你可唔可以介紹…?	néih hó m hó yíh gaai siuh…
um concerto	一個音樂會	yāt go yām ngohk wúi
um filme	一部電影	yāt bouh dihn yíng
uma ópera	一部歌劇	yāt bouh gō kehk
uma peça de teatro	一部戲劇	yāt bouh hei kehk
Quando começa/termina?	幾點開始/結束?	géi dím hōi chí/git chūk
Onde fica...?	…喺邊度?	…hái bīn douh
a sala de concertos	音樂廳	yām ngohk tēng
a casa de ópera	歌劇院	gō kehk yún
o teatro	劇院	kehk yún
Eu gostaria de...	我鍾意…	ngóh jūng yi…
música clássica	古典音樂	gú dín yām ngohk
música popular	民族音樂	màhn juhk yām ngohk
jazz	爵士樂	jeuk sih ngohk
música pop	流行音樂	làuh hàhng yām ngohk
rap	說唱	syut cheung

Vida noturna

O que podemos fazer à noite?	夜晚可以做乜野?	yeh máahn hó yíh jouh māt yéh
Você poderia recomendar...?	你可唔可以介紹…?	néih hó m hó yíh gaai siuh…
um bar	一個酒吧	yāt go jáu bā
um cassino	一個賭場	yāt go dóu chèuhng
uma danceteria	跳舞俱樂部	tiu móuh kēui lohk bouh
um clube gay	一個同性戀俱樂部	yāt go tùhng sing lyún kēui lohk bouh
um clube de jazz	爵士樂俱樂部	jeuk sih ngohk kēui lohk bouh

VOCÊ PODE OUVIR...

> 唔該熄手機。 *m gōi sīk sáu gēi*
> Por favor, desligue o celular.

um clube com música chinesa	一間有中國音樂嘅俱樂部 *yāt gāan yáuh jūng gwok yām ngohk ge kēui lohk bouh*
Tem música ao vivo?	有冇現場音樂？ *yáuh móuh yihn chèuhng yām ngohk*
Como ir para lá?	我點樣去嗰度？ *ngóh dím heui gó douh*
Tem *couvert* artístico?	有冇附加費？ *yáuh móuh fuh gā fai*
Vamos dançar.	我哋去跳舞啦。 *ngóè deih heui tiu móuh lā*
Esta área é segura de noite?	呢個地區夜晚安唔安全？ *nī go deih kē yeh máahn ōn m ōn chyùhn*

Para *Bilhetes*, ver página 22.

A vida noturna é mais comum no sul da China do que nos outros lugares; lá, os restaurantes, bares e cafés costumam ficar abertos até pelo menos meia-noite. No entanto, Hong Kong, que é conhecida como a pérola do Oriente, tem uma cena noturna vibrante. Os bares e danceterias podem ser encontrados nas principais áreas turísticas e próximos aos hotéis. Os jornais em inglês geralmente listam as atividades culturais nas principais cidades. Pergunte sobre os eventos locais em seu hotel ou verifique as listas dos eventos em um jornal local.

Situações especiais

Viagem de negócios 136
Viajando com crianças 139
Viajantes com necessidades especiais 141

Viagem de negócios

O ESSENCIAL

Estou aqui a negócios.	我喺呢度工幹。	*ngóh hái nī douh gūng gon*
Aqui está meu cartão de visita.	呢張係我嘅咭片。	*nī jēung haih ngóh ge kāat pín*
Posso pegar seu cartão de visita?	可唔可以畀你嘅咭片我？	*hó m hó yíh béi néih ge kāat pín ngóh*
Eu tenho uma reunião com...	我同⋯有一個會。	*ngóh tùhng…yáuh yā go wúi*
Onde fica...?	⋯喺邊度？	*…hái bīn douh*
o centro de negócios	商業中心	*sēung yihp jūng sām*
a sala de convenções	會議廳	*wuih yíh tēng*
a sala de reunião	會議室	*wuih yíh sāt*

A realização de negócios com chineses deve ser feita com respeito. Ao apresentar ou receber um cartão de visita na China, segure-o com as duas mãos. Se você acabou de receber um cartão, não o guarde antes de lê-lo.

Note que os sobrenomes chineses precedem os nomes próprios, por exemplo, Li Yang deve ser referido como sr. Li. No entanto, alguns profissionais chineses adotaram nomes próprios ocidentais e a ordem nome-sobrenome.

A negócios

Estou aqui para participar de um seminário/uma conferência.	我喺呢度開研討會/開會 *ngóh hái nī douh hōi yìhn tóu wúi/hōi wúi*
Estou aqui para participar de uma reunião.	我來呢度開會。 *ngóh làih nī douh hōi wúi*
Meu nome é...	我叫… *ngóh giu…*
Deixe-me apresentar um colega de trabalho...	我介紹一下同事… *ngóh gaai siuh yāt háh tùhng sih…*
Tenho uma reunião/um compromisso com...	我同…有一個會/約。 *ngóh tùhng… yáuh yāt go wúi/yeuk*
Desculpe-me, estou atrasado.	對唔住我遲到。 *deui m jyuh ngóh chìh dou*
Preciso de um tradutor-intérprete.	我需要翻譯。 *ngóh sēui yiu fāan yihk*
Você pode me encontrar no hotel...	你可以喺…酒店搵到我。 *néih hó yíh hái…jáu dim wán dóu ngóh*
Estarei aqui até...	我要喺呢度留到… *ngóh yiu hái nī douh làuh dou…*
Eu preciso...	我需要… *ngóh sēui yiu…*
fazer uma ligação	打電話 *dá dihn wá*

tirar uma cópia	影印 *yíng yan*
enviar um e-mail	發電郵 *faat dihn yàuh*
enviar um fax	發傳真 *faat chyùhn jān*
enviar um pacote (de um dia para o outro)	寄一個（第二日送到嘅）包裹 *gei yāt go (daih yih yaht sung dou ge) bāau gwó*
Foi um prazer encontrar você.	好高興見到你。 *hóu gōu hing gin dóu néih*

Para *Comunicando-se*, ver página 50.

VOCÊ PODE OUVIR...

你有冇預約？ *néih yáuh móuh yuh yeuk*	Você marcou com antecedência?
同邊個？ *tùhng bīn go*	Com quem?
佢開緊會。 *kéuih hōi gán wúi*	Ele/Ela está em uma reunião.
唔該等一等。 *m gōi dáng yāt dáng*	Espere um momento, por favor.
唔該坐吓。 *m gōi chóh háh*	Sente-se, por favor.
你要唔要飲啲乜野？ *néih yiu m yiu yám dī māt yéh*	Você gostaria de beber alguma coisa?
多謝光臨。 *dō jeh gwōng làhm*	Obrigado(a) pela visita.

Viajando com crianças

O ESSENCIAL

Tem desconto para crianças?	細蚊仔有冇折？	*sai mān jái yáuh móuh jit*
Você poderia recomendar uma babá?	你可唔可以介紹一位保姆？	*néih hó m hó yíh gaai siuh yāt wái bóu móuh*
Você tem uma cadeira para bebês/crianças?	你有冇BB凳/高凳？	*néih yáuh móuh bìh bī dang/gōu dang*
Onde eu posso trocar a fralda do bebê?	我喺邊度可以幫細蚊仔換尿片？	*ngó hái bīn douh hó yíh bōng sai mān jái wuhn niuh pín*

Fora de casa

Você poderia recomendar alguma atividade para crianças?	你可唔可以推薦細蚊仔玩嘅活動？	*néih hó m hó yíh tēui jin sai mān jái wáan ge wuh duhng*
Onde fica...?	…喺邊度？	*...hái bīn douh*
o parque de diversões	遊樂園	*yàuh lohk yùhn*
o fliperama	遊樂場	*yàuh lohk chèuhng*
a piscina infantil	兒童泳池	*yìh tùhng wihng chìh*
o parque	公園	*gūng yún*
o parque infantil	操場	*chōu chèuhng*
o zoológico	動物園	*duhng maht yùhn*
É permitida a entrada de crianças?	細蚊仔可唔可以入去？	*sai mān jái hó m hó yíh yahp heui*
É seguro para crianças?	細蚊仔玩安唔安全？	*sai mān jái wáan ngōn m ngōn chyùhn*
É apropriado para crianças de ... anos?	適唔適合…歲嘅細蚊仔？	*sīk m sīk hahp...seui ge sai mān jái*

VOCÊ PODE OUVIR...

真係可愛! *jān haih hó ngoi* — Que fofo!
佢叫乜野名? *kéuih giu māt yéh méng* — Qual é o nome dele/dela?
佢幾大? *kéuih géi daaih* — Quantos anos ele/ela tem?

Necessidades do bebê

Você tem...?	你有冇…? *néih yáuh móuh…*
uma mamadeira	奶樽 *náaih jēun*
comida de bebê	嬰兒食品 *yīng yìh sihk bán*
lenços umedecidos	嬰兒紙巾 *yīng yìh jí gān*
uma cadeira de segurança para bebê	汽車安全座椅 *hei chē ngōn chyùhn yí*
um cardápio infantil	兒童菜單 *yìh tùhng choi dāan*
uma cadeira para bebês/crianças	BB凳/高凳 *bìh bī dang/gōu dang*
um berço/uma cama pequena (para crianças)	搖籃/床仔 *yìuh láam/chòhng jái*
fralda	尿片 *niuh pín*
leite em pó	奶粉 *náaih fán*
chupeta	奶嘴 *náaih jéui*
chiqueirinho	遊戲圍欄 *yàuh hei wàih làahn*
carrinho de bebê	BB車 *bìh bī chē*

Posso amamentar o bebê aqui?
我可唔可以喺呢度餵細蚊仔人奶? *ngóh hó m hó yíh hái nī douh wai sai mān jái yàhn náaih*

Onde eu posso amamentar/trocar a fralda do bebê?
我喺邊度可以餵細蚊仔食人奶/幫細蚊仔換尿片? *ngóh hái bīn douh hó yíh wai sai mān jái sihk yàhn náaih/bōng sai mān jái wuhn niuh pín*

Serviço de babá

Você poderia recomendar uma babá?	你可唔可以介紹一位保姆？	néih hó m hó yíh gaai siuh yāt wái bóu móuh
Qual é o custo?	你哋收費係幾多？	néih deih sāu fai haih géi dō
Eu voltarei perto das...	我喺…之前返嚟。	ngóh hái…jī chìhn fāan àih
Você pode me ligar no número...	打…可以搵到我。	dá…hó yíh wán dóu ngóh

Saúde e emergências

Você poderia recomendar um pediatra?	你可唔可以介紹一位兒科醫生？	néih hó m hó yíh gaai siuh yāt wái yìh fō yī sāng
Meu(minha) filho(a) é alérgico(a) a...	我嘅細蚊仔對…過敏。	ngóh ge sai mān jái deui…gwo máhn
Meu(minha) filho(a) está desaparecido(a).	我嘅細蚊仔唔見咗。	ngóh ge sai mān jái m in jó
Você viu um(a) menino(a)?	你有冇睇到一個男仔/女仔？	néih yáuh móuh tái dóu yāt go nàahm jái/néuih já

Para *Saúde*, ver página 148.
Para *Polícia*, ver página 146.

Viajantes com necessidades especiais

O ESSENCIAL

Tem...?	有冇…? *yáuh móuh…*
acesso para deficientes físicos	殘疾人通道 *chàahn jaht yàhn tūng douh*
uma rampa para cadeira de rodas	輪椅通道 *lèuhn yí tūng douh*
um banheiro adaptado para deficientes físicos	一間殘疾人可以用嘅洗手間 *yāt gāan chàahn jaht yàhn hó yíh yuhng ge sái sáu gāan*
Eu preciso de...	我需要… *ngóh sēui yiu…*
assistência	幫助 *bōng joh*
um elevador	電梯 *dihn tāi*
um quarto no térreo	一間一樓嘅房 *yāt gāan yāt láu ge fóng*

Pedindo ajuda

Eu...	我… *ngóh…*
tenho deficiência física	係殘疾人 *haih chàahn jaht yàhn*
tenho deficiência visual	視力唔好 *sih lihk m hóu*
tenho deficiência auditiva/sou surdo	聽力唔好/耳聾 *ting lihk m hóu/yíh lùhn*
não posso andar muito/usar as escadas	唔可以行好遠/行樓梯 *m hó yíh hàahng hóu yúhn/hàahng làuh tāi*

老幼残孕休息室
For the old, weak & pregnant

Por favor, fale mais alto.	唔該大聲講。	*m gōi daaih sēng góng*
Posso trazer minha cadeira de rodas?	我可唔可以帶輪椅？	*ngóh m hó yíh daai lèuhn yí*
É permitida a entrada de cão-guia?	導盲犬可唔可以入	*douh màahng hyún hó m hó yíh yahp*
Você poderia me ajudar?	你可唔可以幫我？	*néih hó m hó yíh bōng ngóh*
Por favor, abra/segure a porta.	唔該打開/拉著門。	*m gōi dá hōi/lāai jyuh mùhn*

Situações de emergência

Emergências	145
Polícia	146
Saúde	148
Vocabulário básico	157

Emergências

O ESSENCIAL

Socorro!	救命！*gau mehng*
Vá embora!	走開！*jáu hōi*
Pega ladrão!	唔好走，有賊！*m hóu jáu yáuh cháak*
Vá ao médico!	搵醫生！*wán yī sāng*
Fogo!	著火啦！*jeuhk fó la*
Estou perdido.	我盪失路。*ngóh dohng sāt louh*
Você poderia me ajudar?	你可唔可以幫我？*néih hó m hó yíh bōng ngóh*

Se estiver em **Hong Kong**, ligue **999** em caso de emergências.
Na **China**, ligue:
110 para polícia;
120 para ambulância;
119 para bombeiros.

A lista dos telefones dos serviços de emergência deve estar disponível no seu hotel ou no centro de informações turísticas.

Polícia

O ESSENCIAL

Chame a polícia!	打電話畀警察！*dá dihn wá béi gíng chaat*
Onde fica a delegacia de polícia?	警察局喺邊度？ *gíng chaat gúk hái bīn douh*
Houve um acidente/ataque.	有意外/人受襲擊。 *yáuh yi ngoih/ yàhn sauh jaahp gīk*
Meu(minha) filho(a) desapareceu.	我嘅細蚊仔唔見咗。 *ngóh ge sai mān jái m gin jó*
Eu preciso...	我需要… *ngóh sēui yiu…*
de um tradutor-intérprete	一個翻譯 *yāt go fāan yihk*
entrar em contato com meu advogado	聯絡我嘅律師 *lyùhn lohk ngóh ge euht sī*
fazer um telefonema	打電話 *dá dihn wá*
Eu sou inocente.	我係無辜嘅。 *ngóh haih mouh gū ge*

VOCÊ PODE OUVIR...

填好呢份表格。 *tìhn hóu nī fahn bíu gaak*	Preencha este formulário.
唔該出示你嘅身份證。 *m gōi néih chēut sih néih ge sān fán jing*	Apresente seu documento de identidade, por favor.
佢點樣？ *kéuih dím yéung*	Como ele/ela é?
係幾時/喺邊度發生？ *haih géi sìh/hái bīn douh faat sāng*	Quando/Onde aconteceu?

Crimes e Achados e Perdidos

Eu quero reportar...	我想報告一個…事件。	ngóh séung bou gou yāt go…sih gín
um assalto	搶劫	chéung gip
um estupro	強姦	kèuhng gāan
um roubo	偷竊	tāu sit
Eu fui assaltado/roubado.	我畀人搶野/打劫。	ngóh béi yàhn chéung yéh/dá gip
Eu perdi meu...	我嘅…唔見咗。	ngóh ge…m gin jó
Meu(minha) ... foi roubado(a)...	我嘅…畀人偷咗。	ngóh ge…béi yàhn tāu jó
mochila	背囊	bui nòhng
bicicleta	單車	dāan chē
câmera fotográfica	相機	séung gēi
carro (alugado)	（租嘅）車	(jōu ge) chē
computador	電腦	dihn nóuh
cartão de crédito	信用卡	seun yuhng kāat
joia	首飾	sáu sīk
dinheiro	錢	chín
passaporte	護照	wuh jiu
porta-moedas	銀包	ngàhn bāau
cheque de viagem	旅行支票	léuih hàhng jī piu
carteira	銀包	ngàhn bāau
Eu preciso fazer um boletim de ocorrência.	我要報警。	ngóh yiu bou gíng

Para *Emergências*, ver página 145.

Saúde

O ESSENCIAL

Estou doente.	我病咗。	*ngóh behng jó*
Preciso de um médico que fale inglês.	我需要講英文嘅醫生。	*ngóh sēui yiu góng yīng màhn ge yī sāng*
Dói aqui.	呢度痛。	*nī douh tung*
Estou com dor de barriga	我肚痛。	*ngóh tóu tung*

Encontrando um médico

Você poderia recomendar um médico/dentista?	你可唔可以介紹一位醫生/牙醫?	*néih hó m hó yíh gaai siuh yāt wái yīsāng/ngàh yī sāng hó m hó yíh làih nī douh*
O médico poderia vir até aqui?	醫生可唔可以嚟呢度?	*yī sāng hó m hó yíh làih nī douh*
Eu preciso de um médico que fale inglês.	我需要講英文嘅醫生。	*ngóh sēui yiu góng yīng màhn ge yī sāng*
Qual o horário de funcionamento?	辦公時間係幾時?	*baahn gūng sìh gaan haih géi sìh*
Eu quero uma consulta para...	我想要同⋯預約。	*ngóh séung yiu tùhng... yuh yeuk*
hoje	今日	*gām yaht*
amanhã	聽日	*tīng yaht*
o mais rápido possível	儘快	*jeuhn faai*
É urgente.	好急。	*hóu gāpvtv*

Para *Farmácia*, ver página 153.

Para *Números*, ver página 160.

Sintomas

Estou...	我⋯	*ngóh...*
sangrando	流緊血	*làuh gán hyut*
constipado	便秘	*bihn bei*
com tontura	頭暈	*tàuh wàhn*
com náuseas	想嘔	*séung ngáu*
com vômitos	嘔	*ngáu*
Aqui dói.	呢度痛。	*nī douh tung*
Estou com...	我⋯	*ngóh...*
uma reação alérgica	有過敏反應	*yáuh gwo máhn fáan ying*
dor no peito	心口痛	*sām háu tung*
cólicas	有抽筋	*yáuh cháu gān*
um corte	有傷口	*yáuh sēung háu*
diarreia	肚屙	*tóuh ngō*
corrimento	排瀉物	*pàaih sit maht*
dor de ouvido	耳仔痛	*yíh jái tung*
febre	發燒	*faat sīu*
dor	痛	*tung*
assadura	出疹	*chēut chán*
entorse	扭傷	*náu sēung*
inchaço	有腫	*yáuh júng*
dor de garganta	喉嚨痛	*hàuh lùhng tung*
dor de estômago	肚痛	*tóuh tung*
insolação	中暑	*jung syú*
Estou doente	我病咗已經⋯日喇。	*ngóh behng jó yíh*
há ... dias.		*gīng...yaht la*

Condições

Sou anêmico.	我有貧血。	*ngóh yáuh pàhn hyut*
Sou alérgico a antibióticos	我對抗生素過敏。	*ngóh deui kong sāng sou gwo máhn*

Eu tenho...	我有…	*ngóh yáuh…*
artrite	關節炎	*gwāan jit yìhm*
asma	哮喘	*hāau chyún*
um problema cardíaco	心臟病	*sām johng behng*
diabetes	糖尿病	*tòhng niuh behng*
alta/baixa pressão sanguínea	高/低血壓	*gōu/dāi hyut ngaat*
Sou epilético.	我係癲癇患者。	*ngóh haih dīn hàahn waahn jé*
Estou tomando...	我喺食…	*ngóh haih sihk…*

Tratamento

Preciso tomar remédio?	我需唔需要食藥?	*ngóh sēui m sēui yiu sihk yeuhk*
Você poderia me receitar um remédio genérico?	你可唔可以開常用藥?	*néih hó m hó yíh hōi sèuhng yuhng yeuhk*
Onde consigo comprar?	我喺邊度可以買到?	*ngóh hái bīn douh hó yíh máaih dóu*

Para *O que tomar*, ver página 154.

VOCÊ PODE OUVIR...

點樣? *dím yéung*	O que há de errado?
邊度痛? *bīn douh tung*	Onde dói?
呢度痛唔痛? *nī douh tung m tung*	Dói aqui?
你食緊藥? *néih sihk gán yeuhk*	Você está tomando algum remédio?
你對乜野過敏? *néih deui māt yéh gwo máhn*	Você é alérgico(a) a algo?
打開口。 *dá hōi háu*	Abra a boca.
深呼吸。 *sām fū kāp*	Respire lentamente.
唔該咳一下。 *m gōi kāt yāt háh*	Tussa, por favor.
去睇專科。 *heui tái jyūn fō*	Consulte um especialista.
去醫院。 *heui yī yún*	Vá ao hospital.
你··· *néih...*	É/Está...
骨折 *gwāt jit*	quebrado
會傳染 *wúih chyùhn yíhm*	contagioso
有感染 *yáuh gám yíhm*	infectado
扭傷 *náuh sēung*	torcido
唔緊要 *m gán yiu*	Não é nada sério.

Hospital

Avise minha família, por favor.	唔該通知我家人。 *m gōi tūng jī ngóh gā yàhn*
Estou com dores.	我好痛。 *ngóh hóu tung*
Eu preciso de um médico/enfermeiro.	我需要醫生/護士。 *ngóh sēui yiu yī sāng / wuh sih*
Qual é a hora da visita?	探病時間係幾時? *taam behng sìh gaan haih géi sìh*
Estou visitando...	我嚟探··· *ngóh làih taam...*

Saúde

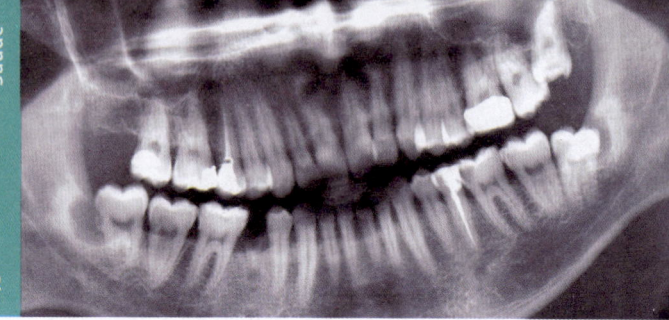

Dentista

Eu...	我⋯ ngóh...
quebrei um dente.	有一隻爛牙 yáuh yāt jek laahn ngàh
perdi uma obturação.	嘅補牙甩咗 ge bóu ngàh lāt jó
estou com dor de dente.	牙痛 ngàh tung
Você poderia consertar esta dentadura?	你可唔可以修補呢隻假牙？ néih hó m hó yíh sâu bóu nī jek gá ngàh

Ginecologista

Eu tenho cólica menstrual/ infecção vaginal.	我有經期腹痛/陰道感染。 ngóh yáuh gīng kèih fūk tung/yām douh gám yíhm
Minha menstruação está atrasada.	我月經未嚟。 ngóh yuht gīng meih làih
Estou tomando pílula anticoncepcional.	我食緊避孕藥。 ngóh sihk gán beih yahn yeuhk
Estou grávida há ... meses.	我有咗（⋯月）。 ngóh yáuh jó (...yuht)
Eu não estou grávida.	我冇懷孕。 ngóh móuh wàaih yahn
Minha última menstruação foi...	我上次月經係⋯ ngóh seuhng chi yuht gīng haih...

Oftalmologista

Eu perdi...	我唔見咗… *ngóh m gin jó…*
minhas lentes de contato.	隱形眼鏡 *yán yìhng ngáahn géng*
meus óculos.	我嘅眼鏡 *ngóh ge geng pín*
uma lente.	一塊鏡片 *yāt faai geng pín*

Cobranças e seguros

Quanto custa?	幾多錢? *géi dō chín*
Posso pagar com cartão de crédito?	我可唔可以用信用卡畀錢? *ngóh hó m hó yíh yuhng seun yuhng kāat béi chín*
Eu tenho seguro.	我有保險。 *ngóh yáuh bóu hím*
Eu preciso de um recibo para o seguro.	我需要保險收據。 *ngóh sēui yiu bóu hím sāu geui*

Farmácia

O ESSENCIAL

Onde fica a farmácia?	藥房喺邊度? *yeuhk fòhng hái bīn douh*
Que horas abre/fecha?	幾時開門/閂門? *géi sìh hōi mùhn/sāan mùhn*
O que você recomendaria para...?	你對…有乜野推薦呢? *néih deui… yáuh māt yéh tēui jin nē*
Quanto eu devo tomar de remédio?	我要食幾多呢? *ngóh yiu sihk géi dō nē*
Você poderia preencher esta receita médica?	你可唔可以提供呢種處方藥? *néih hó m hó yíh tàih gūng nī júng chyúh fōng yeuhk*
Sou alérgico a...	我對…敏感。 *ngóh deui…máhn gám*

Você provavelmente encontrará farmácias 24 horas nas cidades maiores. O horário padrão de funcionamento das farmácias é das nove da manhã às nove da noite. Em caso de emergência, vá ao pronto-socorro mais próximo. A China é conhecida por suas farmácias tradicionais (中藥 *jūng yeuhk*), que oferecem muitos medicamentos naturais: plantas cristalizadas e desidratadas, sementes, além de partes de animais e minerais. Você também deverá encontrar agulhas de acupuntura e outras ferramentas de terapia holística nesses locais.

O que tomar

Quanto eu devo tomar de remédio?	我食幾多呢? *ngóh sihk géi dō nē*
Com que frequência?	幾耐食一次? *géi noih sihk yāt chi*
É seguro para crianças?	對細蚊仔安唔安全? *deui sai mān jái ngōn m ngōn chyùhn*
Estou tomando...	我食緊… *ngóh sihk gán…*
Existem efeitos colaterais?	有冇副作用? *yáuh móuh fu jok yuhng*
Eu preciso de um remédio para...	我需要醫…嘅藥。*ngóh sēui yiu yī…ge yeuhk*
resfriado	感冒 *gám mouh*
tosse	咳 *kāt*
diarreia	肚屙 *tóu ngō*
ressaca	宿醉 *sūk jeui*
dor de cabeça	頭痛 *tàuh tung*
picada de inseto	蟲咬 *chùhng ngáauh*
enjoo	暈浪 *wàhn lohng*
dor de garganta	喉嚨痛 *hàuh lùhng tung*
queimadura de sol	曬傷 *saai sēung*
dor de dente	牙痛 *ngàh tung*
dor de estômago	腸胃不適 *chuhng waih bāt sīk*

VOCÊ PODE ENCONTRAR...

一日一次／三次 *yāt yaht yāt chi/sāam chi*	uma vez/três vezes ao dia
藥丸 *yeuhk yún*	comprimidos
滴劑 *dihk jāi*	gotas
用茶羹食 *yuhng chàh ngāng sihk*	colher de chá
飯後／飯前／食飯時服用 *faahn hauh/faahn chìhn/ sihk faahn sìh fuhk yuhng*	antes/depois/durante as refeições
空肚服用整個吞下 *jíng go tān hah*	tomar em jejum
使人有睡意 *sí yàhn yáuh seuih yi*	pode provocar sonolência
只能外用 *jí nàhng noih yuhng*	somente para uso externo

Suprimentos básicos

Eu quero...	我要··· *ngóh yiu...*	
loção pós-barba	鬚後水 *sōu hauh séui*	
aspirina	阿斯匹靈 *a sih pāt nìhng*	
creme antisséptico	消毒藥膏 *sīu duhk yeuhk gōu*	
bandagens	繃帶 *bāng dáai*	
um pente	一把梳 *yat bá sō*	
preservativo	避孕套 *beih yahn tou*	
colírio para lentes de contato	隱形眼鏡藥水 *yán yìhng ngáhn geng yeuhk séui*	
desodorante	止汗劑 *jí hohn jāi*	
escova de cabelo	一把梳 *yāt bá sō*	
laquê	噴髮劑 *pan faat jāi*	
repelente de insetos	殺蟲劑 *saat chùhng jāi*	
loção	乳液 *yúh yihk*	

uma lixa de unha	指甲銼 *jí gaap cho*
um barbeador descartável	(即棄)剃鬚刀 *(jīk hei) tai sōu dōu*
lâmina de barbear	刀片 *dōu pín*
álcool para assepsia	外用酒精 *ngoih yuhng jáu jīng*
absorventes higiênicos	衛生巾 *waih sāng gān*
xampu/condicionador	洗頭水/護髮素 *sái tàuh séui/wuhn faat sou*
sabonete	番鹼 *fāan gáan*
protetor solar	防曬霜 *fòhng saai sēung*
tampões	棉條 *mìhn tíu*
lenço de papel	紙巾 *jí gān*
papel higiênico	廁紙 *chi jí*
escova de dente	牙刷 *ngàh chaat*
pasta de dente	牙膏 *ngàh gōu*

Para *Necessidades do bebê*, ver página 140.

Vocabulário básico

Gramática

Verbos

Os verbos em chinês não são conjugados. Há uma forma verbal básica usada para todas as pessoas e tempos verbais. A noção de tempo é geralmente expressa por advérbios de tempo, como *ontem* e *amanhã*:

Eu ando para a escola todos os dias. (ação habitual)
我每日行路去學校。 *ngóh múih yaht hàahng louh heui hohk haauh*

Nós queremos ir à escola a pé. (falando de um plano)
我想行路去學校。 *ngóh séung hàahng louh heui hohk haauh*

Eu andei até a escola. (falando de algo no passado)
我係行去學校嘅。 *ngóh haih hàahng heui hohk haauh ge*

O tempo verbal também pode ser expresso utilizando-se as partículas 過 (*gwo*) ou 咗 (*jó*), por exemplo:
Eu comi. 我食咗飯喇。 *ngóh sihk jó faahn la*

Substantivos

Não existe plural dos substantivos em chinês, com algumas exceções. Para determinar se o substantivo é singular ou plural, utiliza-se o contexto ou um número que modifique o substantivo.

Minha sacola sumiu.	我嘅袋唔見咗。	*ngóh ge dói m gin jó*
Minhas sacolas sumiram.	我啲袋唔見咗。	*ngóh dī dói m gin jó*

Pronomes

Os pronomes pessoais em chinês são:

eu	我	*ngóh*
você	你	*néih*
ele	佢	*kéuih*
ela	佢	*kéuih*

ele/ela (neutro)	佢	*kéuih*
nós	我哋	*ngóh deih*
vocês	你哋	*néih deih*
eles/elas	佢哋	*kéuih deih*

Os pronomes pessoais não necessitam de formas verbais diferentes:

Eu sou	我係	*ngóh haih*
Ele é	佢係	*kéuih haih*
Eles são	佢哋係	*kéuih deih haih*

Adicione 嘅 (*ge*) depois do pronome pessoal para transformá-lo em pronome possessivo.

meu(s)/minha(s)　　　　　　　我嘅 *ngóh ge* (literalmente: eu + *ge*)

Ordem das palavras na frase

A ordem das palavras em chinês é basicamente a mesma do português: sujeito, verbo, objeto. Isso pode variar dependendo da ênfase dada à frase.
Eu gostaria de uma xícara de chá.
我想要杯茶。　　　　　　　　*ngóh séung yiu būi chàh*

As frases interrogativas afirmativas e negativas são formadas usando uma estrutura verbo-*não*-verbo:

A bilheteria é aqui? (literalmente: Aqui é ou não é a bilheteria?)
呢度係唔係售票處?　　　*nī douh haih m haih sau piu chyu*

Outras frases interrogativas são formadas pela introdução de pronomes interrogativos específicos (quem, o que, onde, quando, quantos) na frase no mesmo lugar onde as informações solicitadas aparecerão na resposta:
Onde fica a bilheteria?
售票處喺邊度?　　　　　*sauh piu chyu hái bīn douh*

Em chinês é dito, literalmente, "bilheteria fica **onde**?"; "**onde**" acompanha o verbo, porque a resposta também acompanhará o verbo: "A bilheteria fica **aqui**".

Negação e afirmação

唔 (*m*) ou 冇 (*móuh*) são adicionados antes do verbo para indicar negação. Enquanto 唔 geralmente precede o verbo ser, 冇 é usado na frente de 有 (*yáuh*) e para negar uma ação já concluída.

Exemplos:

Eu não estou de férias.
我唔係度緊假。
ngóh m haih douh gán ga

Eu não comprei a passagem.
我仲未買飛。
ngóh juhng meih máaih fēi

Repita o verbo que foi usado na pergunta para afirmar ou adicione 唔 (*m*) antes do verbo para negar.

Você gostaria de beber chá?
你想唔想飲茶?
néih séung m séung yám chàh

Sim, eu gostaria.
想。
séung

Não, eu não gostaria.
唔想。
m séung

Imperativo

Normalmente, 啦 (*lā*) ou 呀 (*a*) são adicionados no final de uma frase declarativa para expressar educadamente um comando, por exemplo:

Compre a passagem! 買飛票啦! *máaih fēi lā*

Adjetivos

Os adjetivos com duas ou mais sílabas em chinês geralmente são sucedidos pelo ideograma 嘅 (*ge*) e devem anteceder o substantivo que modificam, por exemplo:

uma boa refeição   好食嘅野   *hóu sihk ge yéh*

Advérbios

Os advérbios em chinês são geralmente seguidos por 咁 (*gám*) e precedem os verbos que modificam. Por exemplo:

trabalha cuidadosamente   認真咁工作   *yihng jān gám gūng jok*

Números

O ESSENCIAL

0	零	*lihng*
1	一	*yāt*
2	二	*yih*
3	三	*sāam*
4	四	*sei*
5	五	*ngh*
6	六	*luhk*
7	七	*chāt*
8	八	*baat*
9	九	*gáu*
10	十	*sahp*
11	十一	*sahp yāt*
12	十二	*sahp yih*
13	十三	*sahp sāam*
14	十四	*sahp sei*
15	十五	*sahp ngh*

16	十六	*sahp luhk*
17	十七	*sahp chāt*
18	十八	*sahp baat*
19	十九	*sahp gáu*
20	二十	*yih sahp*
21	二十一	*yih sahp yāt*
22	二十二	*yih sahp yiih*
30	三十	*sāam sahp*
31	三十一	*sāam sahp yāt*
40	四十	*sei sahp*
50	五十	*ngh sahp*
60	六十	*luhk sahp*
70	七十	*chāt sahp*
80	八十	*baat sahp*
90	九十	*gáu sahp*
100	一百	*yāt baak*
101	一百零一	*yāt baak lìhng yāt*
200	二百	*yih baak*
500	五百	*ngh baak*
1.000	一千	*yāt chīn*
10.000	一萬	*yāt maahn*
1.000.000	一百萬	*yāt baak maahn*

Em chinês, há os números cardinais, listados na página 160, usados para expressar quantias de dinheiro, números de telefone etc. Há também um sistema que combina um número com um classificador específico para objetos. Esse sistema agrupa objetos de diferentes tipos de acordo com a forma e o tamanho. Há maneiras específicas para classificar objetos planos, máquinas, animais, pessoas etc. Quando não tiver certeza do classificador correto, você pode tentar usar os números cardinais acima junto com o classificador geral.

Classificador geral

1	一個 *yāt go*
2	兩個 *léuhnq qo*
3	三個 *sāam go*
4	四個 *sei go*
5	五個 *ngh go*
6	六個 *sahp go*
7	七個 *chāt go*
8	八個 *baat go*
9	九個 *gáu go*
10	十個 *sahp go*

Note que o classificador geralmente precede a palavra que o qualifica, por exemplo:

Eu gostaria de uma maçã.
我想要一個蘋果。
ngóh séung yiu yāt go pìhng gwó

Eu gostaria de duas maçãs.
我想要兩個蘋果。
ngóh séung yiu léuhng go pìhng gwó

Outros classificadores

	objetos planos, finos	objetos pequenos (de qualquer formato)	pacotes (de qualquer tamanho)
1	一張 *yāt jēung*	一塊 *yāt faai*	一包 *yāt bāau*
2	兩張 *léuhng jēung*	兩塊 *léuhng faai*	兩包 *léuhng bāau*
3	三張 *sāam jēung*	三塊 *sāam faai*	三包 *sāam bāau*
4	四張 *sei jēung*	四塊 *sei faai*	四包 *sei bāau*
5	五張 *ngh jēung*	五塊 *ngh faai*	五包 *ngh bāau*

Números ordinais

primeiro	第一 *daih yāt*
segundo	第二 *daih yih*
terceiro	第三 *daih sāam*
quarto	第四 *daih sei*
quinto	第五 *daih ngh*

Classificadores de ação

uma vez	一次 *yāt chi*
duas vezes	兩次 *léuhng chi*

Horas

O ESSENCIAL

Que horas são?	幾點? *géi dím*
É meio-dia.	而家係中午。 *yìh gā haih jūng ngh*
À meia-noite.	喺午夜。 *hái ngh yeh*
Da uma às duas horas.	由一點到兩點。 *yàuh yāt dím dou léuhng dím*
Três horas e cinco minutos.	三點零五分。 *sāam dím lìhng ngh fān*
5h30 da manhã/ da tarde	上晝/下晝五點半 *seuhng jau/hah jau ngh dím bun*

Dias

O ESSENCIAL

segunda-feira	星期一 *sīng kèih yāt*
terça-feira	星期二 *sīng kèih yih*
quarta-feira	星期三 *sīng kèih sāam*
quinta-feira	星期四 *sīng kèih sei*
sexta-feira	星期五 *sīng kèih ngh*
sábado	星期六 *sīng kèih luhk*
domingo	星期日 *sīng kèih yaht*

Datas

ontem	琴日 *kàhm yaht*
hoje	今日 *gām yaht*
amanhã	聽日 *tīng yaht*
dia	日 *yaht*
semana	星期 *sīng kèih*
mês	月 *yuht*
ano	年 *nìhn*

Na China, as datas são escritas na seguinte ordem: ano 年 (*nihn*), mês 月 (*yuht*) e dia 日 (*yaht*). Por exemplo, 12 de fevereiro de 2016, em chinês, seria *2016* 年 *2* 月 *12* 日. Note que enquanto os meses podem ser representados como segue, os números arábicos também são utilizados.

Meses

janeiro	一月 *yāt yuht*
fevereiro	二月 *yih yuht*
março	三月 *sāam yuht*
abril	四月 *sei yuht*

maio	五月	*ngh yuht*
junho	六月	*luhk yuht*
julho	七月	*chāt yuht*
agosto	八月	*baat yuht*
setembro	九月	*gáu yuht*
outubro	十月	*sahp yuht*
novembro	十一月	*sahp yāt yuht*
dezembro	十二月	*sahp yih yuht*

Estações do ano

primavera	春天	*chēun tīn*
verão	夏天	*hah tīn*
outono	秋天	*chāu tīn*
inverno	冬天	*dūng tīn*

Feriados

1º dia do 1º mês lunar: Festival da Primavera (Ano-Novo chinês)
1º de maio: Dia Internacional do Trabalho
5 de maio (Calendário Lunar): Festival do Barco Dragão
1º de outubro: Dia Nacional (Fundação da República Popular da China)
15 de outubro (Calendário Lunar): Festival do Meio Outono (Dia do Bolo da Lua)

Os feriados tradicionais, como o Ano-Novo chinês ou o Festival da Primavera, seguem o calendário lunar, por isso as datas variam anualmente. O Ano-Novo chinês é um feriado importante, comemorado com presentes, decorações, alimentos tradicionais e fogos de artifício. Ele termina no 15º dia do ano-novo lunar com o Festival das Lanternas, que apresenta festividades, como o desfile de lanternas e a dança do leão.

Referências rápidas

O ESSENCIAL

Oi./Olá.	你好。	néih hóu
Tchau.	再見。	joi gin
Sim.	係。	haih
Não.	唔係。	m haih
OK.	好。	hóu
Com licença!/Por favor! (para chamar atenção, fazer uma pergunta)	請問！	chíng mahn
Com licença! (para pedir passagem)	唔該借借！	m gōi je je
Desculpe-me.	對唔住。	deui m jyuh
Eu gostaria de...	我想…	ngóh séung…
Quanto custa?	幾多錢？	géi dō chín
Onde fica...?	…喺邊度？	…hái bīn douh
Por favor.	唔該。	m gōi
Obrigado(a).	多謝。	dō jeh
De nada.	唔使多謝。	m sái dō jeh
Por favor, você poderia falar mais devagar?	請你慢慢講。	chíng néih maahn máan góng
Você poderia falar mais uma vez?	你可唔可以再講一次呀？	néih hó m hó yíh joi góng yāt chi a
Eu não entendi.	我唔明白。	ngóh m mìhng baahk

Você fala inglês?	你講唔講英文呀?	*néih góng m góng yīng màhn a*
Eu não falo chinês.	我唔識講中文。	*ngóh m sīk góng jūng màhn*
Onde fica o banheiro?	洗手間喺邊度?	*sái sáu gāan hái bīn douh*
Socorro!	救命!	*gau mehng*

Dicionário

Português-Cantonês 169
Cantonês-Português 197

Dicionário Português-Cantonês

A

aberto 開著 *hōi jeuhk*
aborrecer 打攪 *dá gáau*
abraçar 攬 *láam*
abridor de garrafa 開瓶器 *hōi pìhng hei*
abridor de lata 開罐器 *hōi gun hei*
abrir 打開 *dá hōi*
absorvente interno 棉條 *mìhn tíu*
absorvente íntimo 衛生棉 *waih sāng mìhn*
absorvente 墊 *jin*
acampar 露營 *louh yìhng*
aceitar 接受 *jip sauh*
acender (cigarro) 點 *dím*
acender (luz) 開 *hōi*
acesso para deficientes físicos 殘疾人通道 *chàahn jaht yàhn tūng douh*
Achados e perdidos 失物認領處 *sāt maht yihng líhng chyu*
acidente 意外 *yi ngoih*
acomodação 住宿 *jyuh sūk*
acompanhamento (refeição) 配菜 *pui choi*
acordar 醒 *séng*
acupuntura 針灸 *jām gau*

adaptador 變壓器 *bin ngaat hei*
adequado (vestuário) 適合 *sīk hahp*
adiantamento em dinheiro 預支現金 *yuh jī yìhn gām*
adicionar 加入 *gā yahp*
admissão, ingresso 入場 *yahp chèuhng*
advogado 律師 *leuht sī*
aeroporto 飛機場 *fēi gēi chèuhng*
afiado 利 *leih*
agência 代辦處 *doih baahn chyu*
agência de informação turística 旅遊資訊辦公室 *léuih yàuh jī seun baahn gūng sāt*
agência de turismo 旅行社 *léuih hàhng séh*
agência dos correios 郵局 *yàuh gúk*
agenda (calendário) 日程表 *syaht chìhng bíu*
agendar 預定日程 *yuh dihng yaht chìhng*
agora 宜家 *yìh gā*
agradecer 感謝 *gám jeh*
águas termais 溫泉 *wān chyùhn*
ajudar 幫助 *bōng joh*

albergue 旅舍 *léuih se*
albergue para estudantes 青年旅舍 *chīng nìhn léuih se*
alérgico 敏感 *máhn gám*
alfândega 海關 *hói gwāan*
algodão 棉花 *mìhn fā*
ali, lá 嗰度 *gó douh*
alimentar 餵 *wai*
almoço 午餐 *ngh chāan*
alojamento com café da manhã (bed and breakfast) 有早餐嘅酒店 *yáuh jóu chāan ge jáu dim*
alterar, trocar (roupa) 改 *gói*
alto 高 *gōu*
alugar 租 *jou*
aluguel de carro 出租汽車 *chēut jōu hei chē*
amanhã 聽日 *tīng yaht*
amarelo 黃色 *wòhng sīk*
ambulância 救護車 *gau sēung chē*
americano 美國人 *méih gwok yàhn*
amigo 朋友 *pàhng yáuh*
amor, amar 愛 *ngoi*
andar (piso) 層 *chàhng*
andar térreo 一樓 *yāt láu*
anel 戒指 *gaai jí*
anemia 貧血 *pàhn hyut*
anestesia 麻醉 *màh jeui*
animal 動物 *duhng maht*

aniversário 生日 *sāang yaht*
ano 年 *nìhn*
antes de 以前 *yíh chìhn*
antibiótico 抗生素 *kong sāng sou*
antiquário 古董店 *gú dung dim*
apagar (luz) 熄 *sīk*
aparar (o cabelo) 剪 *jín*
apartamento 公寓 *gūng yuh*
apêndice (corpo humano) 盲腸 *màahng chéung*
aperitivo 開胃菜 *hōi waih choi*
apimentado 辣 *laaht*
aposentado 退休 *teui yāu*
apostar 落 *lohk*
apreciar 享用 *héung yuhng*
aquecer 暖 *nyúhn*
aquecedor 加熱器 *gā yiht hei*
aquele, aquela, aquilo 嗰 *gó*
aqui 呢度 *nī douh*
ar-condicionado 冷氣 *láahng hei*
área de compras 購物區 *kau maht kēui*
área de fumantes 食煙 *sihk yīn*
área de piquenique 野餐區 *yéh chāan kēui*
armário de roupas 衣物櫃 *yī maht gwaih*
aromaterapia 香薰療法 *hēung fān lìuh faat*
artéria 動脈 *duhng mahk*

articulação (corpo humano) 關節 *gwāan jit*
artigos de caligrafia 書法用品 *syū faat yuhng bán*
artigos laqueados 漆器 *chāt hei*
artrite 關節炎 *gwāan jit yìhm*
árvore 樹 *syuh*
Ásia 亞洲 *nga jāu*
asmático 氣喘 *hei chyún*
aspirador de pó 吸塵器 *kāp chàhn hei*
aspirina 阿斯匹靈 *a sī pāt lìhng*
assadura 疹 *chán*
assaltar 搶 *chéung*
assento 座位 *joh wái*
assento no corredor 路口位 *louh háu wái*
assinar 簽名 *chīm méng*
assustador 可怕 *hó pa*
ataque (a uma pessoa) 攻擊 *gūng gīk*
atração (local) 遊覽勝地 *yàuh láahm sing deih*
atração principal 主要景點 *jyú yiu gíng dím*
atrás (direção) 後面 *hauh mihn*
atrasado 遲咗 *chìh jó*
atrasar 遲啲 *chìh dī*
atrativo 有吸引力嘅 *yáuh kāp yáhn lihk ge*
Austrália 澳洲 *ou jāu*

avião 飛機 *fēi gēi*
avós 祖父母 *jóu fuh móuh*
azul 藍色 *làahm sīk*

B

babá 保姆 *bóu móuh*
bagagem 行李 *hàhng léih*
bagagem de mão 手提行李 *sáu tàih hàhng léih*
bagagem despachada 托運 *tok wahn*
baixo 低 *dāi*
balcão de informações 訊問處 *seun mahn chyu*
balcão de serviços 服務台 *fuhk mouh tòih*
balé 芭蕾 *bā lèuih*
balsa 渡輪 *douh lèuhn*
banca de jornal 報攤 *bou tāan*
banco 銀行 *ngàhn hòhng*
banco do carro 汽車座位 *hei chē joh wái*
bandagem 繃帶 *bāng dáai*
banheiro 沖涼房 *chūng lèuhng fóng*
banho 沖涼 *chūng lèuhng*
bar 酒吧 *jáu bā*
barato 平 *pèhng*
barbeador 剃鬚刀 *tai sōu dōu*
barbeador descartável 即棄剃鬚刀 *jīk hei tai sōu dōu*

barbeiro 理髮師 *léih faat sī*
barco 船 *syùhn*
barco a motor 汽船 *hei syùhn*
barco a remo 扒艇 *pàh téhng*
barraca (tenda) 帳篷 *jeung fùhng*
barranco 峽谷 *haap gūk*
basquete 籃球 *làahm kàuh*
bater (carro) 撞 *johng*
bateria 電芯 *dihn sām*
bebê BB *bìh bī*
beber 飲 *yám*
bebida 飲料 *yám liuh*
bege 米黃色 *máih wòhng sīk*
beijar 錫 *sek*
beisebol 棒球 *páahng kàuh*
bem passado 太熟 *taai suhk*
berço 搖籃 *yìuh láam*
bexiga (corpo humano) 膀胱 *pòhng gwōng*
biblioteca 圖書館 *tòuh syū gún*
bicicleta 單車 *dāan chē*
bilhete de bagagem 行李票 *hàhng léih piu*
bilhete de múltiplas viagens 無限次使用嘅 *mòuh haahn chi sí yuhng ge*
bilhete eletrônico 電子票 *dihn jí piu*
bilhete, passagem 票 *piu*
bilheteria, guichê de passagens 售票處 *sauh piu chyu*

biquíni 比基尼裝 *béi gīn nèih jōng*
blusa feminina 女裝恤衫 *néuih jōng sēut sāam*
boa noite 晚安 *máahn ngōn*
boca 口 *háu*
boletim de ocorrência 警察報告 *gíng chaat bou gou*
bolsa 手袋 *sáu dói*
bolso 袋 *dói*
bom 好 *hóu*
bom dia 早晨 *jóu sàhn*
bomba de ar 氣泵 *hei bām*
boneco 公仔 *gūng jái*
botas 靴 *hēu*
bracelete 手扼 *sáu ngáak*
braço 手臂 *sáu bei*
branco 白色 *baahk sīk*
brincar 玩 *wáan*
brincos 耳環 *yíh wáan*
brinquedo 玩具 *wuhn geuih*

C

cabeça 頭 *tàuh*
cabeleireiro 髮型師 *faat yìhng s*
cabelo 頭髮 *tàuh faat*
cabine 客艙 *haak chōng*
caçarola 平底鑊 *pìhng dái wohk*
cachoeira 瀑布 *bohk bou*
cadarço 鞋帶 *hàaih dáai*
cadeira, banco 凳 *dang*

cadeira alta 高腳椅 *gōu geuk yí*
cadeira de rodas 輪椅 *lèuhn yí*
cadeira para bebê BB凳 *bìh bī dang*
café da manhã 早餐 *jóu chāan*
cafeteira 咖啡館 *ga fē gún*
cafeteria 咖啡店 *ga fē dim*
caixa 箱 *sēung*
caixa de correio 郵箱 *yàuh sēung*
caixa eletrônico 自動提款機 *jih duhng tàih fún gēi*
calça 褲 *fu*
calça comprida 長褲 *chèuhng fu*
calça jeans 牛仔褲 *ngàuh jái fu*
calefação 暖氣 *nyúhng hei*
calendário 時間表 *sìh gaan bíu*
caloria 卡路里 *kā louh léih*
cama 床 *chòhng*
cama de casal 雙人床 *sēung yàhn chòhng*
cama de solteiro 單人床 *dāan yàhn chòhng*
cama pequena (para crianças) 床仔 *chòhng jái*
câmbio de moeda 貨幣兌換 *fo baih deui wuhn*
câmera fotográfica 相機 *séung gēi*
câmera fotográfica digital 數碼相機 *sou máh séung gēi*
caminhada 步行 *bouh hàhng*
caminhar 走 *jáu*
caminho 道路 *douh louh*
camisa 恤衫 *sēut sāam*
camiseta T恤 *tī sēut*
camiseta de ginástica 運動衫 *wahn duhng sāam*
campeonato de boxe 拳擊比賽 *kyùhn gīk béi choi*
campo (esporte) 運動場 *wahn duhng chèuhng*
campo de batalha 戰場 *jin chèuhng*
campo de golfe 高爾夫球場 *gōu yíh fū kàuh chèuhng*
Canadá 加拿大 *ga nàh daaih*
cancelar 取消 *chéui sīu*
caneta 筆 *bāt*
cânion (desfiladeiro) 峽谷 *haap gūk*
cansado 瘡喇 *guih la*
cão-guia 導盲犬 *douh màahng hyún*
capa de chuva 雨褸 *yúh lāu*
capacete 頭盔 *tàuh kwāi*
cardápio 菜單 *choi dāan*
cardápio com preço fixo 價格固定嘅菜單 *ga gaak gu dihng ge choi dāan*
cardápio de bebidas 飲料單 *yám liuh dāan*
cardápio infantil 兒童菜單 *yìh tùhng choi dāan*

carimbar (uma passagem) 蓋印 *koi yan*
caro 昂貴 *ngòhng gwai*
carregar (bateria) 充電 *chūng dihn*
carrinho de bagagem 行李推車 *hàhng léih tēui chē*
carrinho de bebê BB車 *bìhbī chē*
carrinho de compras 手推車 *sáu tēui chē*
carro 汽車 *hei chē*
carro manual 手動汽車 *sáu duhng hei chē*
carta 信件 *seun gín*
carta de vinhos 酒類表 *jáu leuih bíu*
carta registrada 掛號信 *gwa houh seun*
cartão 卡 *kāat*
cartão de crédito 信用卡 *seun yuhng kāat*
cartão de débito 借記卡 *je gei kāat*
cartão de embarque 登機証 *dāng gēi jing*
cartão de estudante internacional 國際學生卡 *gwok jai hohk sāang jing*
cartão de membro 會員證 *wúih yùhn jing*
cartão de memória 存儲卡 *hyúh chyùhn kāat*
cartão de seguro 保險卡 *bóu hím kāat*
cartão do quarto 鑰匙卡 *só sìh kāat*
cartão-postal 明信片 *mìhn seun pín*
cartão telefônico 電話卡 *dihn wá kāat*
carteira 銀包 *ngàhn bāau*
carvão 木炭 *muhk taan*
casa 屋 *ngūk*
casa de câmbio 貨幣兌換局 *fo baih deui wuhn gúk*
casa de chá 茶樓 *chàh làuh*
casa de ópera 歌劇院 *gō kehk yún*
casaco 外套 *ngoih tou*
casado 結咗婚 *git jó fān*
casar 結婚 *git fān*
cassino 賭場 *dóu chèuhng*
castelo 城堡 *sìhng bóu*
catálogo da loja 商店目錄 *sēung dim muhk luhk*
catedral 大教堂 *daaih gaau tòhng*
caverna 山洞 *sāan duhng*
CD CD *sī dī*
cedo 早 *jóu*
centímetro 釐米 *lèih máih*
centro da cidade 市中心 *síh jūng sām*

cerâmica 陶器 *tòuh hei*
certificar 證明 *jing mìhng*
cesta de compras 購物籃 *kau maht láam*
chapéu 帽 *móu*
charuto 雪茄 *syut kā*
chato 無聊嘅 *mòuh lìuh ge*
chave 鑰匙 *só sìh*
chave do quarto 房間鑰匙 *fòhng gāan só sìh*
chaveiro 鑰匙扣 *só sìh kau*
check-in (aeroporto) 辦理登機手續 *baahn léih dāng gēi sáu juhk*
check-out (hotel) 退房 *teui fóng*
chegar 到 *dou*
cheque (pagamento) 支票 *jī piu*
cheque de viagem 旅行支票 *léuih hàhng jī piu*
chiclete 香口膠 *hēung háu gāau*
China 中國 *jūng gwok*
chinelo 拖鞋 *tō háai*
chiqueirinho 遊戲圍欄 *yàuh hei wàih làahn*
chupeta 奶嘴 *náaih jéui*
churrasco 烤肉 *hāau yuhk*
chuva 雨 *yúh*
chuvoso 多雨 *dō yúh*
cibercafé 網吧 *móhng bā*
ciclismo 踩單車 *cháai dāan chē*
cigarro 煙 *yīn*
cinema 電影院 *dihn yíng yún*

cinto 皮帶 *pèih dáai*
cinza 灰色 *fūi sīk*
classe (transporte) 艙 *chōng*
classe econômica 經濟艙 *gīng jai chōng*
clima 天氣 *tīn hei*
cloisonné (pintura esmaltada) 景泰藍 *gíng taai làahm*
clube de dança 舞蹈俱樂部 *móuh douh kēui lohk bouh*
clube de jazz 爵士俱樂部 *jeuk sih ngohk kēui lohk bouh*
clube noturno 夜總會 *yeh júng wúi*
clube 俱樂部 *kēui lohk bouh*
cobertor 毯 *jīn*
cobre 銅 *tùhng*
código de área 區號 *kēui houh*
código do país 國家代號 *gwok gā doih houh*
cofre 保險箱 *bóu hím sēung*
colapso 故障 *gu jeung*
colar 頸鏈 *géng lín*
colega de trabalho 同事 *tùhng sih*
colete salva-vidas 救生衣 *gau sāng yī*
colher 匙羹 *chìh gāng*
colher de chá 茶匙 *chàh chìh*
colher de medida 量羹 *lèuhng gāng*
colher de sopa 湯羹 *tōng gāng*

cólica menstrual 經期腹痛 *gīng kèih fūk tung*

colina 山仔 *sāan jái*

colírio para lentes de contato 隱形眼鏡液 *yán yìhng ngáahn géng yihk*

colônia (perfume) 古龍水 *gú lùhng séui*

coluna vertebral 脊椎 *bui jēui*

com 同 *tùhng*

começar 開始 *hōi chí*

comer 食 *sihk*

comida 食物 *sihk maht*

comida halal 清真食品 *chīng jān sihk bán*

comida kosher 猶太食品 *yàuh taai sihk bán*

como 點樣 *dím yéung*

companhia aérea 航空公司 *hòhng hūng gūng sī*

companhia de seguros 保險公司 *bóu hím gūng sī*

comprar 買 *máaih*

compras 購物 *kau maht*

compreender 理解 *léih gáai*

comprimido (remédio) 藥丸 *yeuhk yún*

compromisso 約 *yeuk*

computador 電腦 *dihn nóuh*

comum 普通 *pōu tūng*

concerto musical 音樂會 *yām ngohk wúi*

condição (médica) 症狀 *jing johng*

condição cardíaca 心臟狀況 *sām johng johng fong*

condicionador 護髮素 *wuh faat sou*

conectar (internet) 連接 *lìhn jip*

conexão (internet) 連接 *lìhn jip*

conexão (voo) 轉機 *jyun gēi*

confeitaria 點心店 *dím sām dim*

conferência, reunião 會議 *wuih yíh*

confirmar 證實 *jing saht*

congelador 雪櫃 *syut gwaih*

congestao sanguinea (arterial) 充血 *chūng hyut*

consertar (reparar) 修理 *sāu léih*

constipado 便秘 *bin bei*

consulado 領事館 *líhng sih gún*

consultor 顧問 *gu mahn*

conta 賬戶 *jeung wuh*

conta (de uma venda) 單 *dāan*

conta-corrente 支票戶口 *jī piu wuh háu*

contagioso 傳染嘅 *chyùhn yíhm ge*

contatar 聯繫 *lyùhn haih*

controle de passaporte 護照管制 *wuh jiu gún jai*

converter dinheiro 換現金 *wuhn yihn gām*

copo 杯 *būi*
copo de medida 量杯 *lèuhng būi*
copo de vidro 玻璃杯 *bō lēi būi*
cor 顏色 *ngàahn sīk*
coração (corpo humano) 心臟 *sām johng*
corpo de bombeiros 消防隊 *sīu fòhng yùhn*
correio aéreo 航空信 *hòhng hūng seun*
correspondência 到 *dou*
cortar (o cabelo) 剪 *jín*
corte (machucado) 傷口 *sēung háu*
corte de cabelo 飛髮 *fēi faat*
costas 背脊 *bui jek*
costela 肋骨 *laahk gwāt*
cotovelo 手掙 *sáu jāang*
couro 皮 *péi*
couvert **artístico, custo adicional** 附加費 *fuh gā fai*
coxa 大腿 *daaih téui*
cozinha 廚房 *chyùh fóng*
cozinhar 烹調 *pāang tìuh*
creme (pomada) 藥膏 *yeuhk gōu*
creme antisséptico 消毒藥膏 *sīu duhk yeuk gōu*
creme de barbear 剃鬚膏 *tai sōu gōu*
criança 細蚊仔 *sai mān jái*
cristal 水晶 *séui jīng*
cruzamento 十字路口 *sahp jih louh háu*
curto 短 *dyún*

D

da tarde/da noite 下晝 *hah jau*
dançar 跳舞 *tiu móuh*
danificado 壞咗 *waaih jó*
danificar 損傷 *syún sēung*
dar 畀 *béi*
data (calendário) 日期 *yaht kèih*
declarar 申報 *sān bou*
decolar 起飛 *héi fēi*
dedo da mão 手指 *sáu jí*
dedo do pé 腳趾 *geuk jí*
deficiência auditiva 聽力唔好 *ting lihk m hóu*
deficiente físico 殘疾 *chàahn jaht*
delegacia de polícia 警察局 *gíng chaat gúk*
deletar 刪除 *sāan chèuih*
delicioso (comida) 好食 *hóu sihk*
dentadura 假牙 *gá ngàh*
dente 牙 *ngàh*
dentista 牙醫 *ngàh yī*
depois de 以後 *yíh hauh*
depositar (dinheiro) 存錢 *chyùhn chín*
depósito bancário 儲蓄 *chyúh chūk*

desacompanhado 無人睇 *móuh yàhn tái*
descansado 休息得好好 *yāu sīk dāk hóu hóu*
descartável 即棄 *jīk hei*
descer (de trem/ônibus/metrô) 落車 *lohk chē*
desconectar (computador) 斷開 *tyúhn hōi*
desconto 折 *jit*
desculpa 抱歉 *póu hip*
desembarcar 到達 *dou daaht*
desembarque (aeroporto) 抵達 *dái daaht*
desempregado 失業者 *sāt yihp jé*
deserto 沙漠 *sā mohk*
desodorante 止汗劑 *jí hon jāi*
despesa 費用 *fai yuhng*
detergente para lava-louça 洗潔精 *sái git jīng*
devagar 慢慢地 *maahn máan déi*
devolver 還 *wàahn*
dia 日 *yaht*
diabetes 糖尿病 *tòhng niuh behng*
diamante 鑽石 *jyun sehk*
diarreia 肚屙 *tóu ngō*
diesel 柴油 *chàih yàuh*
dificuldade 困難 *kwan nàahn*
digital 數碼 *sou máh*
digitalizador (escâner) 掃描器 *sou mìuh hei*
digitar 打字 *dá jih*
dinheiro 錢 *chín*
dinheiro (em espécie) 現金 *yihn gām*
direção 方向 *fōng heung*
dirigir (carro) 開車 *hōi chē*
divórcio 離婚 *lèih fān*
doce (sabor) 甜 *tìhm*
doença 病 *behng*
doente 病 *behng*
doer 痛 *tung*
dólar americano 美元 *méih yùhn*
dólar de Hong Kong 港元 *góng yùhn*
doméstico 國內 *gwok noih*
dor 痛 *tung*
dor de cabeça 頭痛 *tàuh tung*
dor de estômago 胃痛 *waih tung*
dor de garganta 喉嚨痛 *hàuh lùhng tung*
dor de ouvido 耳仔痛 *yíh jái tung*
dor nas costas 背痛 *bui tung*
dor no peito 心口痛 *sām háu tung*
dormir 訓覺 *fan gaau*
dormitório 宿舍 *sūk se*
durante 期間 *kèih gāan*
DVD DVD *dī wī dī*

E

echarpe (lenço) 絲巾 *sī gān*
efeito colateral 副作用 *fu jok yuhng*
elevador 電梯 *dihn tāi*
em 喺 *hái*
em cima 上部 *seuhng bouh*
e-mail 電子郵件 *dihn jí yàuh gín*
embalagem plástica 塑膠包裝 *sou gāau bāau jōng*
embalar (pacote) 包 *bāau*
embarcar 登機 *dāng gēi*
empacotar 打包 *dá bāau*
encontrar (alguém) 見面 *gin mihn*
endereço 地址 *deih jí*
endereço de e-mail 電郵地址 *dihn yàuh deih jí*
enfermeiro 護士 *wuh sih*
engolir 吞 *tān*
enjoo 暈浪 *wàhn lohng*
ensolarado 晴朗 *chìhng lóhng*
ensopado (guisado) 燉 *dahn*
entorse 扭傷 *náu sēung*
entrada 入口 *yahp háu*
entrar 進入 *jeun yahp*
entrar, entrada 進入 *jeun yahp*
entretenimento 娛樂 *yùh lohk*
envelope 信封 *seun fūng*
enviar 送 *sung*
enviar (correio) 運送 *wahn sung*
enviar e-mail 發電郵 *faat dihn yàuh*
enviar fax 發傳真 *faat chyùhn jān*
enviar por correio 郵寄 *yàuh gei*
epilepsia 癲癇 *dīn gáan*
equipamento de mergulho 水底呼吸設備 *séui dái fū kāp chit beih*
equipamento 設備 *chit beih*
errado 錯過 *cho gwo*
erro 差錯 *chā cho*
escada 樓梯 *làuh tāi*
escada rolante 自動扶梯 *jih duhng fùh tāi*
escola 學校 *hohk haauh*
escova de cabelo 梳 *sō*
escrever 寫 *sé*
escrever (mensagem de texto) 發短信 *faat dyún seun*
escritório 辦公室 *baahn gūng sāt*
escuro 黑暗 *hāk ngam*
esfregão 擦 *chaat*
esmaltado (joias) 琺瑯 *faat lòhng*
espátula 鏟 *cháan*
especialista (médico) 專家 *jyūn gā*
especialista (nível de habilidade) 專家 *jyūn gā*
espécie 標本 *bīu bún*
esperar 等 *dáng*

esportes 體育 *tái yuhk*
esposa 老婆 *lóuh pòh*
esquentar 加熱 *gā yiht*
esquerda (direção) 左邊 *jó bīn*
esquina 轉角處 *jyun gok chyu*
estaca de barraca 帳篷樁 *jeung fùhng jōng*
estação 站 *jaahm*
estação de metrô 地鐵站 *deih tit jaahm*
estação de trem 火車站 *fó chē jaahm*
estação subterrânea 地鐵站 *deih tit jaahm*
estacionamento 停車場 *tìhng chē chèuhng*
estacionar 停車 *tìhng chē*
estádio 體育場 *tái yuhk chèuhng*
Estados Unidos 美國 *méih gwok*
estar com fome 餓 *ngoh*
estátua 雕像 *dīu jeuhng*
este, esta, isto 呢 *nī*
esteira de bagagem 行李認領 *hàhng léih yihng léhng*
estojo para câmera 相機套 *séung gēi tou*
estômago 胃 *waih*
estrada 高速公路 *gōu chūk gūng louh*
estranho 奇怪 *kèih gwaai*
estudante 學生 *hohk sāang*
estudar 學習 *hohk jaahp*
estupro 強姦 *kèuhng gāan*
esvaziar 倒空 *dóu hūng*
exausto 用盡 *yuhng jeuhn*
excesso 超過 *chīu gwo*
excesso de velocidade 超速 *chīu chūk*
excursão 遊覽 *yàuh láahm*
exibição 顯示 *hín sih*
expresso 快 *faai*
extensão (telefone) 分機 *fān gēi*
extra 額外 *ngaak ngoih*
extragrande 加大碼 *gā daaih máh*
extrair (dente) 剝 *mōk*

F

faca 刀 *dōu*
face 面部 *mihn bouh*
fácil 容易 *yùhng yih*
falar 講 *góng*
falésia 懸崖 *yùhn ngàaih*
família 家庭 *gā tìhng*
farmácia 藥房 *yeuhk fòhng*
fast-food 快餐 *faai chāan*
fatia (de algo) 片 *pin*
fatura 發貨單 *faat fo dāan*
faturar (conta) 開單 *hōi dāan*
fax 傳真 *chyùhn jān*
fazenda 農場 *nùhng chèuhng*
fazer 做 *jouh*

febre 發燒 *faat sīu*
febre do feno 花粉症 *fān fán jing*
fechado 關閉 *gwāan bai*
fechadura 鎖 *só*
fechar (uma loja) 關門 *gwāan mùhn*
feio 難睇 *nàahn tái*
feliz 愉快 *yuh faai*
férias 假期 *ga kèih*
ferro de passar roupa 熨斗 *tong dáu*
fígado (corpo humano) 肝臟 *gōn johng*
filme 電影 *dihn yíng*
filme (câmera) 菲林 *fēi lám*
filme plástico 保鮮紙 *bóu sīn jí*
final de semana 週末 *jāu muht*
flor 花 *fā*
floresta 森林 *sām làhm*
floresta tropical 雨林 *yúh làhm*
florista 賣花人 *maaih fā yàhn*
fogão 爐 *lòuh*
fogão de acampamento 露營爐 *louh yìhng lòuh*
fogo 火 *fó*
fone de ouvido 耳筒 *yíh túng*
fonte 噴水池 *pan séui chìh*
fora 外面 *ngoih mihn*
formulário 表格 *bíu gaak*
forte (fortaleza) 要塞 *yiu choi*
fósforo 火柴 *fó chàaih*

foto 相 *séung*
foto digital 數碼相片 *sou máh seung pín*
fotocópia 影印本 *yíng yan bún*
fotografia 影相 *yíng séung*
fralda 尿片 *niuh pín*
fresco (alimento) 新鮮 *sān sīn*
fresco (temperatura) 涼 *lèuhng*
frigideira 煎鍋 *jīn wō*
frio, gelado 冷 *láahng*
fumar 食煙 *sihk yīn*
funcionário do caixa 出納員 *chēut naahp yùhn*
furtado 畀人偷咗 *béi yàhn tāu jó*
futebol 足球 *jūk kàuh*

G

garagem 車房 *chē fòhng*
garçom 服務員 *fuhk mouh yùhn*
garçonete 女服務員 *néuih fuhk mouh yùhn*
garfo 叉 *chā*
garganta 喉嚨 *hàuh lùhng*
garrafa 樽 *jēun*
gás 汽油 *hei yàuh*
gás de cozinha 烹調煤氣 *pāang tìuh mùih hei*
geladeira 冰箱 *bīng sēung*
gelado 冰冷 *bīng láahng*
gelo 冰 *bīng*
gerente 經理 *gīng léih*

ginástica 體操 *tái chōu*
ginecologista 婦產科醫生 *fúh cháan fō yī sāng*
gola em V V領 *wī léhng*
gostar 鍾意 *jūng yi*
gota (remédio) 滴 *dihk*
grama (medida) 克 *hāk*
grande 大 *daaih*
gratuito 免費 *mín fai*
grau Celsius 攝氏 *sip sih*
graus (temperatura) 度 *douh*
gravar (esculpir) 雕刻 *dīu hāk*
gravata (peça de roupa) 領呔 *léhng tāai*
grávida 有咗 *yáuh jó*
grelhar 烤 *hāau*
grupo 小組 *síu jóu*
guarda (segurança) 保安 *bóu ngōn*
guarda-chuva 遮 *je*
guardanapo 餐巾 *chāan gān*
guarda-volumes 行李暫存箱 *hàhng léih jaahm chyùhn sēung*
guia 指南 *jí nàahm*
guia (livro) 指南 *jí nàahm*
guincho (reboque) 拖車 *tō chē*
guloseima 熟食 *suhk sihk*

H

hipermetropia 遠視 *yúhn sih*
hipódromo 跑馬場 *páau máh chèuhng*
hoje 今日 *gām yaht*
hoje à noite 今晚 *gām máahn*
homem 男人 *nàahm yán*
hóquei 曲棍球 *kūk gwan kàuh*
hóquei no gelo 冰球 *bīng kàuh*
hora 小時 *síu sìh*
horário comercial 辦公時間 *baahn gūng sìh gaan*
horário de visita (hospital) 探病時間 *taam behng sìh gaan*
hospedar-se 住喺 *jyuh hái*
hospital 醫院 *yī yún*
hotel 酒店 *jáu dim*

I

idade 年齡 *nìhn nìhng*
identificação 證件 *jing gín*
idoso 老年人 *lóuh nìhn yàhn*
igreja 教堂 *gaau tòng*
imposto sobre vendas 銷售稅 *sīu sauh seui*
impressão digital 數碼印刷品 *sou máh yan chaat bán*
impressionante 震驚 *jan gīng*
imprimir 列印 *liht yan*
inchaço 腫 *júng*
incluir 包括 *bāau kwut*
inconsciente 有知覺 *móuh jī gok*
infecção vaginal 陰道傳染 *yām douh chyùhn yíhm*
infectado 傳染 *chyùhn yíhm*

informação 信息 *seun sīk*
Inglaterra 英國 *yīng gwok*
íngreme 斜 *che*
iniciante (nível de habilidade) 初學者 *chō hohk jé*
iniciar a sessão (computador) 登錄 *dāng luhk*
inserir (cartão em um caixa eletrônico) 插入 *chaap yah*
insolação 中暑 *jung syú*
insônia 失眠 *sāt mìhn*
instalações da lavanderia 洗衣店設施 *sái yī dim chit sī*
insulina 胰島素 *yìh dóu sou*
interessante 有趣 *yáuh cheui*
internacional 國際 *gwok jai*
internet 互聯網 *wuh lyùhn móhng*
internet sem fio (wireless) 無線互聯網 *mòuh sin wuh lyùhn móhng*
intestino 腸 *chéung*
intolerante à lactose 乳糖過敏 *yúh tòhng gwo máhn*
ir (a algum lugar) 去 *heui*
Irlanda 愛爾蘭 *ngoi yíh làahn*
irlandês 愛爾蘭人 *ngoi yíh làahn yàhn*
irmã 姐妹 *jí múi*
isenção de imposto 免稅 *mín seui*
isqueiro 打火機 *dá fó gēi*

J

jade 玉 *yúk*
janela 窗 *chēung*
jantar 晚餐 *máahn chāan*
jaqueta 褸 *lāu*
jardim botânico 植物園 *jihk maht yùhn*
jarra 碴 *jā*
jazz 爵士樂 *jeuk sih ngohk*
jeans (tecido) 牛仔布 *ngàuh jái bou*
jet ski 滑水板 *waaht séui báan*
joalheria 珠寶商 *jyū bóu sēung*
joelho 膝頭 *sāt tàuh*
jogo 遊戲 *yàuh hei*
jogo de futebol 足球賽 *jūk kàuh choi*
jogo de vôlei 排球賽 *pàaih kàuh choi*
joia 首飾 *sáu sīk*
jornal 報紙 *sēui yiu*
jovem 年輕 *nìhn hīng*

L

lã 羊毛 *yèuhng mòuh*
lábio 嘴唇 *jéui sèuhn*
ladrão 賊 *cháak*
lago 湖 *wùh*
lagoa 池塘 *chìh tóng*
lâmpada 燈膽 *dāng dáam*
lanchonete 小食店 *síu sihk dim*

lanterna 電筒 *dihn túng*
laquê 噴髮劑 *pan faat jāi*
laranja (cor) 橙 *cháang*
lata 罐 *gun*
lava-louça 洗碗機 *sái wún gēi*
lavanderia 洗衣店 *sái yī dim*
lavanderia a seco 乾洗店 *gōn sái dim*
lavar, limpar 洗 *sái*
legal 好 *hóu*
leite em pó 奶粉 *náaih fán*
leito 鋪位 *pou wái*
lenço de papel 紙巾 *jí gān*
lenços umedecidos 嬰兒紙巾 *yīng yìh jí gān*
lentes (de óculos) 鏡片 *geng pín*
lentes de contato 隱形眼鏡 *yán yìhng ngáahn géng*
leste 東部 *dūng bouh*
levantar 搭車 *daap chē*
levar para casa 摞走 *ló jáu*
libra (peso) 磅 *bohng*
libra esterlina (moeda) 英鎊 *yīng bóng*
lição, aula 課程 *fo chìhng*
ligação telefônica 電話 *dihn wá*
limpar (conta bancária) 清除 *chīng chèuih*
limpo 乾淨 *gōn jehng*
lindo 靚 *leng*
língua 舌 *siht*

língua chinesa 中文 *jūng màhn*
língua inglesa 英文 *yīng màhn*
linha (trem) 線 *sin*
linho 麻布 *màh bou*
litro 公升 *gūng sīng*
livraria 書店 *syū dim*
livro 書 *syū*
lixa de unha 指甲銼 *jí gaap cho*
lixo 垃圾 *laahp saap*
local 當地 *dōng deih*
loção 化妝乳液 *fa jōng yúh yihk*
loção pós-barba 鬚後水 *sōu hauh séui*
loja de alimentos saudáveis 健康食品店 *gihn hōng sihk bán dim*
loja de bebidas 酒店 *jáu dim*
loja de brinquedos 玩具店 *wuhn geui dim*
loja de calçados 鞋鋪 *hàaih póu*
loja de câmera fotográfica 攝影器材商店 *sip yíng hei chòih sēung dim*
loja de departamentos 百貨公司 *baak fo gūng sī*
loja de música 音樂商店 *yām ngohk sēung dim*
loja de presentes 禮品店 *láih bán dim*
loja de produtos 農產品商店 *nùhng cháan bán sēung dim*

loja de produtos esportivos 體育用品商店 *tái yuhk yuhng bán sēung dim*

loja de roupas 時裝店 *sìh jōng dim*

loja de souvenir 紀念品商店 *gei nihm bán sēung dim*

longe, distante 遠 *yúhn*

longo 長 *chèuhng*

luz (lâmpada) 燈 *dāng*

M

mãe 媽媽 *màh mā*

magnífico 壯觀 *jong gūn*

maiô/sunga 泳衣 *wihng yī*

mais 多啲 *dō dī*

mala de mão 手提箱 *sáu tàih sēung*

mamadeira 奶樽 *náaih jēung*

mandar (dar ordem) 叫野 *giu yéh*

mandíbula 下爬 *hah pàh*

manga curta 短袖 *dyún jauh*

manga longa 長袖 *chèuhng jauh*

manhã 早晨 *jóu sàhn*

manicure 修手甲 *sāu sáu gaap*

mão 手 *sáu*

mapa 地圖 *deih tòuh*

mapa da cidade 市地圖 *síh deih tòuh*

mapa da trilha 山路圖 *sāan louh tòuh*

mapa de ruas 路線圖 *louh sin tòuh*

máquina de lavar roupa 洗衣機 *sái yī gēi*

mar 海 *hói*

marido 老公 *lóuh gūng*

martelo 錘 *chéui*

massagem 按摩 *ngon mō*

mecânica 技工 *geih gūng*

médico 醫生 *yī sāng*

médio (tamanho) 中等 *jūng dáng*

medir (as medidas de alguém) 測量 *chāak leuhng*

meia (peça de roupa) 襪 *maht*

meia-calça 絲襪 *sī maht*

meia hora 半小時 *bun síu sìh*

meia-noite 午夜 *ngh yeh*

meio período 兼職 *gīm jīk*

meio quilo 半公斤 *bun gūng gān*

meio-dia 中午 *jūng bouh*

melhor 最好 *jeui hóu*

memorial (lugar) 紀念館 *gei nihm gún*

memorial de guerra 戰爭紀念館 *jin jāng gei nihm gún*

menina 女仔 *néuih jái*

menino 男仔 *nàahm jái*

menos 比較少 *béi gaau síu*

mensagem 信息 *seun sīk*

mensagem instantânea 即時訊息 *jīk sìh seun sīk*
mensagem de texto 文字 *màhn jih*
mercado 市場 *síh chèuhng*
mercearia 雜貨店 *jaahp fo dim*
mergulhar 潛水 *chìhm séui*
mês 月 *yuht piu*
mesa 檯 *tói*
mesmo (igual) 同一 *tùhng yāt*
mesquita 清真寺 *chīng jān jí*
metade 半 *bun*
metrô 地鐵 *deih tit*
micro-ondas 微波爐 *mèih bō lòuh*
milhagem 里數 *léih sou*
minibar 小酒吧 *síu jáu bā*
minuto 分鐘 *fān jūng*
miopia 近視 *gahn sih*
mirante 觀點 *gūn dím*
missa (igreja) 禮拜 *láih baai*
mobilidade 流動性 *làuh dung sing*
mochila 背囊 *bui nòhng*
moeda 硬幣 *ngaahng beih*
moeda corrente 貨幣 *fo baih*
montanha 山 *sāan*
morar 住 *jyuh*
morno 暖 *nyúhn*
mosteiro 修道院 *sāu douh yún*
mostrar 顯示 *hín sih*
mostruário 陳列櫃 *chàhn liht gwaih*
motocicleta elétrica 電單車 *dihn dāan chē*
mountain bike 爬山電單車 *pàh sāan dihn dāan chē*
muito 太 *taai*
mulher 女人 *néuih yán*
multa (taxa) 罰款 *faht fún*
município 鎮 *jan*
músculo 肌肉 *gēi yuhk*
museu 博物館 *bok maht gún*
música 音樂 *yām ngohk*
música clássica 古典音樂 *gú dín yām ngohk*
música popular 民間音樂 *màhn gāan yām ngohk*

N
nacionalidade 國籍 *gwok jihk*
nadar 游水 *yàuh séui*
nádegas 屁股 *pei gú*
namorada 女朋友 *néuih pàhng yáuh*
namorado 男朋友 *nàahm pàhng yáuh*
não 唔 *m*
não alcoólico 無酒精 *mòuh jáu jīng*
não fumante 無煙 *gam yīn*
nariz 鼻 *beih*

náusea 想嘔 *séung ngáu*
nenhum 冇乜野 *móuh māt yéh*
neto(a) 孫 *syūn*
noite 夜 *yeh*
nome 名 *méng*
nome de usuário 用戶名 *yuhng wuh méng*
norte 北部 *bāk bouh*
nota (de dinheiro) 紙幣 *jí baih*
notificar 通知 *tūng jī*
número 數字 *sou jih*
número da carteira de habilitação (motorista) 駕駛執照號碼 *ga sái jāp jiu houh máh*
número de fax 傳真號碼 *hyùhn jān houh máh*
número de identificação pessoal 個人密碼 (PIN) *go yàhn math máh*
número de telefone 電話號碼 *dihn wá houh máh*

O

o que 乜野 *māt yéh*
obrigada 多謝 *dō jeh*
óculos 眼鏡 *ngáahn géng*
óculos de sol 太陽眼鏡 *taai yèuhng ngáahn géng*
oeste 西部 *sāi bouh*
oftalmologista 驗光師 *yihm gwōng sī*
oi 你好 *néih hóu*
ok 好 *hóu*
olá 你好 *néih hóu*
óleo 油 *yàuh*
olhar 睇 *tái*
olhar do alto (lugar turístico) 俯視 *fú sih*
olho 眼 *ngáahn*
ombro 膊頭 *bok tàuh*
onde 邊度 *bīn douh*
ontem 琴日 *kàhm yaht*
ópera 歌劇 *gō kehk*
oposto 相反 *sēung fáan*
orgulhoso (de si mesmo) 得意 *dāk yi*
orquestra 管弦樂 *gún yìhn ngohk*
osso 骨頭 *gwāt tàuh*
ouro 金 *gām*
ouvido 耳仔 *yíh jái*

P

pacote 包裹 *bāau gwó*
padaria 麵包鋪 *mihn bāau póu*
pagar 支付 *jī fuh*
pagar com cartão de crédito 用信用卡畀錢 *yuhng seun yuhng kāa béi chín*
pai 父親 *fuh chān*
palácio 宮殿 *gūng dihn*
panela de barro 砂鍋 *sā wō*

panela de vapor 蒸鍋 *jīng wō*
panela elétrica de arroz 電飯煲 *dihn faahn bōu*
papel 紙 *jí*
papel-alumínio 錫紙 *sehk jí*
papel higiênico 廁紙 *chi jí*
papel toalha 紙巾 *jí gān*
para 為咗 *waih jó*
parada (estação) 站 *jaahm*
parar 停止 *tìhng dāi*
parque 公園 *gūng yún*
parque de campismo 營地 *yìhng deih*
parque de diversões 遊樂園 *yàuh lohk yùhn*
parque infantil 操場 *chōu chèuhng*
parquímetro 停車計時器 *tìhng chē gai sìh hei*
parte, porção 部分 *bouh fahn*
participar, estar presente 出席 *chēut jihk*
partida, embarque 離開 *lèih hōi*
passageiro 乘客 *sìhng haak*
passagem de ida 單程 *dāan chìhng*
passagem de ida e volta 雙程 *sēung chìhng*
passaporte 護照 *wuh jiu*
passar roupa 熨衫 *tong sāam*
pássaro 雀仔 *jeuk jái*

passeio turístico 觀光旅遊 *gūn gwōng léuih yàuh*
pasta de dente 牙膏 *ngàh gōu*
pau da barraca 帳篷杆 *jeung fùhng gōn*
pauzinhos (para comer) 筷子 *faai jí*
pé 腳 *geuk*
peça de teatro 戲劇 *hei kehk*
peça (quantidade) 件 *gihn*
pedaço 塊 *faai*
pedestre 行人 *hàahng yàhn*
pediatra 兒科醫生 *yìh fō yī sāng*
pedicure 修腳指甲 *sāu jín geuk gaap*
pedir carona 搭車 *daap chē*
peito, tórax (corpo humano) 心口 *sām háu*
pele 皮膚 *pèih fū*
pente 梳 *sō*
penteado 髮型 *faat yìhng*
pequenino, delicado 嬌小 *gīu síu*
pequeno 小 *síu*
perder (algo) 唔見咗 *m̀ gin jó*
perdido 失去 *sāt heui*
perdoar 原諒 *yùhn leuhng*
perfume 香水 *hēung séui*
perigoso 危險 *ngàih hím*
período (de tempo) 期間 *kèih gāan*

período (menstrual) 月經 *yuht gīng*
permitir 准許 *jéun héui*
perna 腿 *téui*
pernoite 隔夜 *gaahk yeh*
pérola 珍珠 *jān jyū*
perto de 附近 *fuh gahn*
pescoço 頸 *géng*
petróleo 汽油 *hei yàuh*
pia 瓷盆 *chìh pùhn*
picada de inseto 蟲咬 *chùhng ngáau*
pico (de uma montanha) 山頂 *sāan déng*
pijama 睡衣 *seuih yī*
pílula (anticoncepcional) 避孕丸 *beih yahn yún*
pintura chinesa 中國畫 *jūng gwok wá*
piscina 泳池 *séui chìh*
piscina ao ar livre 室外游泳池 *sāt ngoih yàuh wihng chìh*
piscina coberta 室內泳池 *sāt noih wihng chìh*
piscina infantil 兒童泳池 *yìh tùhng wihng chìh*
piso 地板 *deih báan*
pistão 泵 *bām*
plataforma 月臺 *yuht tòih*
platina 鉑金 *baahk gām*
pneu 車胎 *chē tāai*

polícia 警察 *gíng chaat*
por 每 *múih*
por dia 每日 *múih yaht*
por favor 唔該 *m gōi*
por hora 每個鐘頭 *múih go jūng tàuh*
por noite 每晚 *múih máahn*
por semana 每個星期 *múih go sīng kèih*
porção para crianças 兒童飯量 *yìh tùhng faahn leuhng*
porcelana 瓷器 *chìh hei*
porta corta-fogo 防火門 *fòhng fó mùhn*
portador de deficiência visual 弱視者 *yeuhk sih jé*
porta-moedas 銀包 *ngàhn bāau*
portão (de embarque) 登機門 *dāng gēi mùhn*
posto de gasolina 加油站 *gā yàuh jaahm*
pouco 少少 *síu síu*
poupança (conta bancária) 儲蓄 *chyúh chūk*
praça da cidade 市中心廣場 *síh jūng sām gwóng chèuhng*
praia 海灘 *hói tāan*
prancha de surfe 滑浪板 *waaht lohng báan*
prata 銀 *ngàhn*
prata esterlina 純銀 *syùhn ngán*

prato (louça) 碟 *dihp*
prato principal 主菜 *jyú choi*
prazer 樂趣 *lohk cheui*
precisar 需要 *sēui yiu*
preço 價格 *ga gaak*
preencher (formulário) 填寫 *tìhn sé*
prefeitura 市政廳 *síh jing tēng*
preferencial (direito de passagem) 路權 *louh kyùhn*
preguiçoso 遊蕩者 *àuh dong jé*
prescrever (receita médica) 開處方 *hōi chyúh fōng*
presente 禮物 *láih maht*
preservativo 避孕套 *beih yan tou*
pressa 趕時間 *gón sìh gaan*
pressão arterial 血壓 *hyut ngaat*
pressionar 按 *ngon*
preto 黑色 *hāk sīk*
previsão 預報 *yuh bou*
primeira classe 頭等艙 *tàuh dáng chōng*
primeiro 第一 *daih yāt*
problema 問題 *mahn tàih*
produto 農產品 *nùhng cháan bán*
produto de limpeza 清潔產品 *chīng git cháan bán*
produtos 貨物 *fo maht*
proibir 禁止 *gam jí*

pronto 準備好 *jéun beih hóu*
pronunciar 發音 *faat yām*
protetor solar 防曬霜 *fòhng saai sēung*
provador (vestuário) 試身室 *si sān sāt*
próximo 附近 *fuh gahn*
próximo (perto) 近 *kahn*
próximo (seguinte) 下一個 *hah yāt go*
público 公共 *gūng guhng*
pulmão 肺 *fai*
pulso 手腕 *sáu wún*
puxar 拉 *lāai*

Q

qualidade 質量 *jāt leuhng*
qualquer coisa 任何野 *yahm hòh yéh*
quando 幾時 *géi sìh*
quanto 幾多 *géi dō*
quarto 房間 *fòhng gāan*
quarto de solteiro 單人房間 *dāan yàhn fóng*
quarto vago 有空房 *yáuh hūng fóng*
quebrar (dente) 爛 *laahn*
queimadura do sol 曬傷 *saai sēung*
quem 邊個 *bīn go*
quente (temperatura) 熱 *yiht*
questão 問題 *mahn tàih*

quieto 安靜 *ngōn jihng*
quilograma 公斤 *gūng gān*
quilômetro 公里 *gūng léih*
químico, farmacêutico (profissão) 藥劑師 *yeuhk jāi sī*

R

rampa para cadeira de rodas 輪椅道 *lèuhn yí douh*
rap (música) 說唱樂 *syut cheung lohk*
rápido 快速 *faai chūk*
raquete (esporte) 球拍 *kàuh páak*
raro (objeto) 罕見 *hón gin*
reação alérgica 過敏反應 *gwo máhn fáan ying*
real 真正 *jān jing*
receber 接受 *jip sauh*
receita médica 處方藥 *chyúh fōng yeuhk*
recepção 招待會 *jīu doih wúi*
recibo 收據 *sāu geui*
reciclagem 回收 *wùih sāu*
reclamação 投訴 *tàuh sou*
recomendação 推薦 *tēui jin*
recomendar, apresentar 介紹 *gaai siuh*
recusar (cartão de crédito) 拒絕 *kéuih jyuht*
refeição 飯 *faahn*

região 區域 *kēui wihk*
registro de veículo 車輛註冊 *chē léuhng jyu chaak*
relacionamento 關係 *gwāan haih*
relógio de parede 掛鐘 *gwa jūng*
relógio de pulso 手錶 *sáu bīu*
remédio 醫藥 *yī yeuhk*
remendar 修理 *sāu léih*
Ren Min Bi (moeda chinesa) 人民幣 *yàhn màhn baih*
reparar (consertar) 修理 *sāu léih*
repelente de inseto 殺蟲劑 *saat chùhng jāi*
repetir 重複 *chùhng fūk*
reserva 預定 *yuh dihng*
reserva natural 自然保護區 *jih yìhn bóu wuh kēui*
reservar 預定 *yuh dehng*
resfriado, gripe 感冒 *gám mouh*
ressaca 宿醉 *sūk jeui*
restaurante 餐館 *chāan gún*
reto 直 *jihk*
reunião 會議 *wuih yíh*
revelação (foto) 曝光 *bouh gwōng*
revista 雜誌 *jaahp ji*
riacho 小溪 *síu kāi*
rim (corpo humano) 腎臟 *sahn johng*
rio 河 *hòh*
rodovia 高速公路 *gōu chūk gūng louh*

romântico 浪漫 *lohng maahn*
rosa (cor) 粉紅色 *fán hùhng sīk*
rosto 面 *mihn*
rota 路線 *louh sin*
rota alternativa 更改路線 *gāng gói louh sin*
rota de bicicleta 單車路線 *dāan chē louh sin*
rota de caminhada 步行路線 *bouh hàhng louh sin*
roubado 畀人搶野 *béi yàhn chéung yéh*
roubar 偷 *tāu*
roubar (arrombar) 闖入 *chóng yahp*
roubo 偷竊 *tāu sit*
roupa de cama 床單 *chòhng dāan*
roupa íntima 底衫 *dái sāam*
roupa para lavar 要洗嘅衫 *yiu sái ge sāam*
roxo 紫色 *jí sīk*
rua de mão única 單程路 *dāan chìhng louh*
ruínas 廢墟 *fai hēui*

S

sabonete 番鹼 *fāan gáan*
saborear 試吓 *si háh*
sacar (dinheiro no banco) 取錢 *chéui chín*
saca-rolha 開酒器 *hōi jáu hei*
saco de dormir 睡袋 *seuih dói*
saco de lixo 垃圾袋 *laahp saap dói*
sacola, bolsa 袋 *dói*
saia 裙 *kwàhn*
saída 出口 *chēut háu*
saída de emergência 緊急出口 *gán gāp chēut háu*
sair 出去 *chēut heui*
sala de concerto musical 音樂廳 *yām ngohk tēng*
sala de convenções 會議廳 *wuih yíh tēng*
sala de descanso 休息室 *yāu sīk sāt*
sala de espera 候診室 *hauh chán sāt*
sala de jantar 飯廳 *faahn tēng*
sala de reunião 會議室 *wuih yíh sāt*
salão de cabelereiro 髮廊 *faat lòhng*
salvar (no computador) 保存 *bóu chyùhn*
salva-vidas 救生員 *gau sāng yùhn*
sandálias 涼鞋 *lèuhng hàaih*
sangrar 流血 *làuh hyut*
sangue 血液 *hyut yihk*
sapatos 鞋 *hàaih*
saudar (dar boas-vindas) 歡迎 *fūn yìhng*
saúde 健康 *gihn hōng*

sauna 桑拿 sōng nàh
secador de cabelo 風筒 fūng túng
seda 絲綢 sī chàuh
sede 口渴 háu hot
seguro 保險 bóu hím
seguro (protegido) 安全 ngōn chyùhn
self-service 自助 jih joh
selo (correio) 郵票 yàuh piu
sem 冇 móuh
sem chumbo 無鉛 mòuh yùhn
sem gordura 無脂肪 mòuh jī fōng
semáforo 紅綠燈 hùhng luhk dāng
semana 星期 sīng kèih
semanalmente 每週 múih jāu
seminário 研討會 yìhng tóu wúi
senha 密碼 maht máh
sentar-se 坐低 chóh dāi
separado (estado civil) 分居 fān gēui
ser 會係 wúih haih
sério 嚴肅 yìhm sūk
serviço (em um restaurante) 服務 fuhk mouh
serviço completo 全面服務 chyùhn mihn fuhk móuh
serviço de despertador 叫醒服務 giu séng fuhk mouh
serviço de internet 互聯網服務 wuh lyùhn móhng fuhk mouh
serviço de internet sem fio (*wireless*) 無線互聯網服務 mòuh sin wuh lyùhn móhng fuhk mouh
serviço de lavanderia 洗衣服務 sái yī fuhk mouh
serviço de limpeza de quarto 客房清潔服務 haak fóng chīng git fuhk móuh
serviço de quarto 客房送餐服務 haak fóng sung chāan fuhk mouh
shopping 購物中心 kau maht jūng sām
shopping center 商場 sēung chèuhng
shorts 短褲 dyún fu
sim 係 haih
símbolo (teclado) 標誌 bīu ji
sinagoga 猶太教堂 yàuh taai gaau tóng
situação de emergência 緊急狀態 gán gāp johng taai
sol 太陽 taai yèuhng
soletrar 串 chyun
solteiro 單身 dāan sān
somente 只係 jí haih
sonolência 睡意 seuih yi
souvenir 紀念品 gei nihm bán
sozinho 單獨 dāan duhk
spa 溫泉 wān chyùhn

suave (sabor) 無味 *mòuh meih*
subterrâneo 地下 *deih há*
subtítulo 副標題 *fu bīu tàih*
suéter 毛衣 *mòuh yī*
sujeira 污糟 *wū jōng*
sul 南 *nàahm*
super (combustível) 超級 *chīu kāp*
supermercado 超級市場 *chīu kāp síh chèuhng*
supervisão 監督 *gāam dzenask*
surdo 聾 *lùhng*
surpreendente 令人驚奇嘅 *lihng yàhn gīng kèih ge*
sutiã 胸圍 *hūng wùih*

T

tabacaria 煙草零售商 *yīn chóu lìhng sauh sēung*
tamanho 尺寸 *chek chyun*
tamanho grande 加大碼 *gā daaih máh*
taxa aduaneira 關稅 *gwāan seui*
taxa de câmbio 兌換率 *deui wuhn léut*
taxa de cobrança 收費 *sāu fai*
táxi 的士 *dīk sí*
tchau 再見 *joi gin*
teatro 戲院 *hei yún*
teclar (no telefone) 撥號 *buht houh*
telefonar 打電話 *dá dihn wá*
telefonar a cobrar 對方付費電話 *deui fōng fuh fai dihn wá*
telefone 電話 *dihn wá*
telefone celular 手機 *sáu gēi*
telefone público 公用電話 *gūng yuhng dihn wá*
telefone sem fio 無線電話 *mòuh sin dihn wá*
televisão 電視 *dihn sih*
tempestade com trovoada 雷雨 *lèuih yúh*
templo 寺廟 *jih míu*
tempo 時間 *sìh gaan*
tempo de espera 等候時間 *dáng hauh sìh gaan*
temporário 臨時 *làhm sih*
tênis (calçado) 運動鞋 *wahn duhn hàaih*
tênis (esporte) 網球 *móhng kàuh*
terminal (aeroporto) 候機大堂 *hauh gēi daaih tòhng*
terminar 結束 *git chūk*
terminar a sessão (computador) 推出 *teui chēut*
terno 西服套裝 *sāi fuhk tou jōng*
tesoura 較剪 *gaau jín*
tigela 碗 *wún*
time, equipe 隊 *déui*
toalha 毛巾 *mòuh gān*

tomada elétrica 電制 *dihn jai*
tomar (remédio) 食藥 *sihk yeuhk*
tonto 頭暈眼花 *tàuh wàhn ngáahn fā*
torneio de golfe 高爾夫球比賽 *gōu yíh fū kàuh béi choi*
tornozelo 腳眼 *geuk ngáahn*
torre 塔 *taap*
tosse 咳 *kāt*
tossir 咳 *kāt*
total (quantidade) 一共 *yāt guhng*
trabalhar 做野 *jouh yéh*
tradicional 傳統 *chyùhn túng*
tradutor-intérprete 口譯員 *háu yihk yùhn*
traduzir 翻譯 *fāan yihk*
traje (peça de roupa) 禮服 *láih fuhk*
traje recomendado 服裝要求 *fuhk jōng yīu kàuh*
transferir (dinheiro) 轉賬 *jyún jeung*
transferir (trocar de trem/voo) 轉 *jyun*
tratamento com oxigênio 氧氣治療 *yéuhng hei jih lìuh*
travesseiro 枕頭 *jám tàuh*
trem 火車 *fó chē*
trilha 山路小徑 *sāan louh síu ging*
trilho (trem) 鐵軌 *tit gwái*
triste 傷心 *sēung sām*
trocado (dinheiro) 散紙 *sáan jí*
trole 電車 *dihn chē*
turismo 觀光 *gūn gwōng*
turista 旅客 *léuih haak*
trocar (a fralda) 換尿片 *wuhn niuh pín*
trocar (de lugar) 換地方 *wuhn deih fōng*
trocar (dinheiro) 兌換 *deui wuhn*
trocar (produtos) 交換 *gāau wuhn*
trocar de ônibus (fazer baldeação) 換車 *wuhn chē*
trocar dinheiro 換錢 *wuhn chín*

U

último 最後 *jeui hauh*
uma dúzia 一打 *yāt dā*
unha do dedo da mão 指甲 *jí gaap*
unha do dedo do pé 趾甲 *jí gaap*
universidade 大學 *daaih hohk*
urgente 緊急 *gán gāp*
urina 尿 *niuh*
usar 使用 *sí yuhng*
utensílio 器皿 *hei míhng*

V

vacinação 防疫 *fòhng yihk*
vagão-leito 臥鋪車 *ngoh pōu chē*

vagina 陰道 *yām douh*
vale 河谷 *hòh gūk*
válido 合法 *hahp faat*
valioso 貴重嘅 *gwai juhng ge*
valor 價值 *ga jihk*
vegetariano 素食者 *sou sihk jé*
velho 老 *lóuh*
vender 賣 *maaih*
veneno 毒藥 *duhk yeuhk*
ventilador 電風扇 *dihn fūng sin*
ver 睇見 *tái gin*
verde 綠色 *luhk sīk*
verificar 檢查 *gím chàh*
vermelho 紅色 *hùhng sīk*
vestuário 衣物 *yī muht*
viagem 旅程 *léuih chìhng*
vila 村莊 *chyūn jōng*
vinícola 葡萄園 *pòuh tòuh yùhn*
vir 嚟 *làih*
visão de longo prazo 有遠見 *yáuh yúhn gin*
visitar 參觀 *chāam gūn*
visto 簽證 *chīm jing*
vitamina 維生素 *wàih sāng sou*
vitrine 櫥窗 *chyùhn chēung*
vomitar 嘔 *ngáu*
voo 航班 *hòhng bāan*
voo doméstico 國内航班 *gwok noih hòhng bāan*
voo internacional 國際航班 *gwok jai hòhng bāan*

W

wok (frigideira) 炒鍋 *sō wō*

X

xampu 洗頭水 *sái tàuh séui*

Z

zoológico 動物園 *duhng maht yùhn*

Dicionário Cantonês-Português

A
阿斯匹零 **a sī pāt lìhng** aspirina

B
芭蕾 **bā lèuih** balé
巴士 **bā sí** ônibus
巴士車票 **bā sí chē piu** passagem de ônibus
巴士站 **bā sí jaahm** estação de ônibus
巴士遊覽 **bā sí yàuh láahm** ônibus turístico
鉑金 **baahk gām** platina
辦公室 **baahn gūng sāt** escritório
辦公時間 **baahn gūng sìh gaan** horário comercial
辦理登機手續 **baahn léih dāng gēi sáu juhk** check-in (aeroporto)
百貨公司 **baak fo gūng sī** loja de departamentos
包 **bāau** embalar (pacote)
包裹 **bāau gwó** pacote
包括 **bāau kwut** incluir
北部 **bāk bouh** norte
泵 **bām** pistão
崩帶 **bāng dáai** bandagem
筆 **bāt** caneta

病 **behng** doente
畀 **béi** dar
比較少 **béi gaau síu** menos
比基尼裝 **béi gīn nèih jōng** biquíni
畀人搶野 **béi yàhn chéung yéh** roubado
畀人偷咗 **béi yàhn tāu jó** furtado
鼻 **beih** nariz
避孕丸 **beih yahn yún** pílula (anticoncepcional)
避孕套 **beih yan tou** preservativo
BB **bìh bī** bebê
BB車 **bìhbī chē** carrinho de bebê
邊度 **bīn douh** onde
邊個 **bīn go** quem
便秘 **bin bei** constipado
變壓器 **bin ngaat hei** adaptador
冰 **bīng** gelo
冰球 **bīng kàuh** hóquei no gelo
冰冷 **bīng láahng** gelado
冰箱 **bīng sēung** geladeira
標本 **bīu bún** espécie
表格 **bíu gaak** formulário
標誌 **bīu ji** símbolo (teclado)
玻璃 **bō lēi** vidro (material)
玻璃杯 **bō lēi būi** copo de vidro

瀑布 **bohk bou** cachoeira
磅 **bohng** libra (peso)
博物館 **bok maht gún** museu
膊頭 **bok tàuh** ombro
保存 **bóu chyùhn** salvar (no computador)
保險 **bóu hím** seguro
保險公司 **bóu hím gūng sī** companhia de seguros
保險卡 **bóu hím kāat** cartão de seguro
保險箱 **bóu hím sēung** cofre
保姆 **bóu móuh** babá
保鮮紙 **bóu sīn jí** filme plástico
報紙 **sēul ylu** Jornal
報攤 **bou tāan** banca de jornal
部分 **bouh fahn** parte, porção
曝光 **bouh gwōng** revelação (foto)
步行 **bouh hàhng** caminhada
步行路線 **bouh hàhng louh sin** rota de caminhada
撥號 **buht houh** teclar no telefone
杯 **būi** copo
背脊 **bui jek** costas
脊椎 **bui jēui** coluna vertebral
背囊 **bui nòhng** mochila
半 **bun** metade
半公斤 **bun gūng gān** meio quilo
半小時 **bun síu sìh** meia hora
背痛 **bui tung** dor nas costas

C

疹 **chán** assadura
漆器 **chāt hei** artigos laqueados
斜 **che** íngreme
車房 **chē fòhng** garagem
車輛註冊 **chē léuhng jyu chaak** registro de veículo
車胎 **chē tāai** pneu
長 **chèuhng** longo
長褲 **chèuhng fu** calça comprida
長袖 **chèuhng jauh** manga longa
長筒襪 **chèuhng túng maht** meias longas
錘 **chéui** martelo
取錢 **chéui chín** sacar (dinheiro no banco)
取消 **chéui sīu** cancelar
搶 **chéung** assaltar
腸 **chéung** intestino
窗 **chēung** janela
出口 **chēut háu** saída
出去 **chēut heui** sair
出席 **chēut jihk** participar, estar presente
出租汽車 **chēut jōu hei chē** aluguel de carro
出納員 **chēut naahp yùhn** funcionário do caixa
匙羹 **chìh gāng** colher

瓷器 **chìh hei** porcelana
遲咗 **chìh jó** atrasado
瓷盆 **chìh pùhn** pia
池塘 **chìh tóng** lagoa
潛水 **chìhm séui** mergulhar
晴朗 **chìhng lóhng** ensolarado
簽證 **chīm jing** visto
簽名 **chīm méng** assinar
錢 **chín** dinheiro
清除 **chīng chèuih** limpar (conta bancária)
清潔產品 **chīng git cháan bán** produto de limpeza
清真寺 **chīng jān jí** mesquita
清真食品 **chīng jān sihk bán** comida halal
青年旅舍 **chīng nìhn léuih se** albergue
設備 **chit beih** equipamento
超速 **chīu chūk** excesso de velocidade
超過 **chīu gwo** excesso
超級 **chīu kāp** super (combustível)
超級市場 **chīu kāp síh chèuhng** supermercado
廁紙 **chi jí** papel higiênico
遲啲 **chìh dī** atrasar
昔過 **cho gwo** errado
初學者 **chō hohk jé** iniciante (nível de habilidade)
坐低 **chóh dāi** sentar-se

床 **chòhng** cama
床單 **chòhng dāan** roupa de cama
床仔 **chòhng jái** cama pequena (para crianças)
菜單 **choi dāan** cardápio
艙 **chōng** classe (transporte)
闖入 **chóng yahp** roubar (arrombar)
操場 **chōu chèuhng** parque infantil
蟲 **chùhng** inseto
重複 **chùhng fūk** repetir
蟲咬 **chùhng ngáau** picada de inseto
充電 **chūng dihn** carregar (bateria)
充血 **chūng hyut** congestão sanguínea (arterial)
沖涼 **chūng lèuhng** banho
櫥窗 **chyùhn chēung** vitrine
儲蓄 **chyúh chūk** depósito bancário, poupança (conta bancária)
存儲卡 **hyúh chyùhn kāat** cartão de memória
廚房 **chyùh fóng** cozinha
處方藥 **chyúh fōng yeuhk** receita médica
存錢 **chyùhn chín** depositar (dinheiro)
傳真 **chyùhn jān** fax
傳真號碼 **hyùhn jān houh máh** número de fax

傳統 **chyùhn túng** tradicional
傳染 **chyùhn yíhm** infectado
傳染嘅 **chyùhn yíhm ge** contagioso
串 **chyun** soletrar
村莊 **chyūn jōng** vila

D

打包 **dá bāau** empacotar
打電話 **dá dihn wá** telefonar
打火機 **dá fó gēi** isqueiro
打攪 **dá gáau** aborrecer
打開 **dá hōi** abrir
打字 **dá jih** digitar
帶嚟 **daai làih** trazer
大 **daaih** grande
大教堂 **daaih gaau tòhng** catedral
大廈 **daaih hah** edifício
大學 **daaih hohk** universidade
大腿 **daaih téui** coxa
單 **dāan** conta (de uma venda)
單車 **dāan chē** bicicleta
單車路線 **dāan chē louh sin** rota de bicicleta
單程路 **dāan chìhng louh** rua de mão única
單獨 **dāan duhk** sozinho
單身 **dāan sān** solteiro
單人床 **dāan yàhn chòhng** cama de solteiro
單人房間 **dāan yàhn fóng** quarto de solteiro
搭車 **daap chē** pedir carona
燉 **dahn** ensopado (guisado)
低 **dāi** baixo
抵達 **dái daaht** desembarque (aeroporto)
底衫 **dái sāam** roupa íntima
第一 **daih yāt** primeiro
得意 **dāk yi** orgulhoso (de si mesmo)
凳 **dang** cadeira, banco
等 **dáng** esperar
燈 **dāng** luz (lâmpada)
燈膽 **dāng dáam** lâmpada
登機 **dāng gēi** embarcar
登機証 **dāng gēi jing** cartão de embarque
登機門 **dāng gēi mùhn** portão (de embarque)
等候時間 **dáng hauh sìh gaan** tempo de espera
登錄 **dāng luhk** iniciar a sessão (computador)
地板 **deih báan** piso
地址 **deih jí** endereço
地鐵 **deih tit** metrô
地鐵站 **deih tit jaahm** estação de metrô
地圖 **deih tòuh** mapa
隊 **déui** time, equipe

對方付費電話 **deui fōng fuh fai dihn wá** telefonar a cobrar
兌換 **deui wuhn** trocar (dinheiro)
兌換率 **deui wuhn léut** taxa de câmbio
DVD **dī wī dī** DVD
滴 **dihk** gota (remédio)
電車 **dihn chē** trole
電單車 **dihn dāan chē** motocicleta elétrica
電飯煲 dihn faahn bōu panela elétrica de arroz
電風扇 **dihn fūng sin** ventilador
電制 **dihn jai** tomada elétrica
電子票 **dihn jí piu** bilhete eletrônico
電子郵件 **dihn jí yàuh gín** e-mail
電腦 **dihn nóuh** computador
電芯 **dihn sām** bateria
電視 **dihn sih** televisão
電梯 **dihn tāi** elevador
電筒 **dihn túng** lanterna
電話 **dihn wá** telefone; ligação telefônica
電話號碼 **dihn wá houh máh** número de telefone
電話卡 **dihn wá kāat** cartão telefônico
電郵地址 **dihn yàuh deih jí** endereço de e-mail

電影 **dihn yíng** filme
電影院 **dihn yíng yún** cinema (lugar)
的士 **dīk sí** táxi
點 **dím** acender (cigarro)
點心店 **dím sām dim** confeitaria
點樣 **dím yéung** como
癲癇 **dīn gáan** epilepsia
碟 **dihp** prato (louça)
雕刻 **dīu hāk** gravar (esculpir)
雕像 **dīu jeuhng** estátua
吊車 **diu chē** guindaste
多啲 **dō dī** mais
多謝 **dō jeh** obrigado(a)
多雨 **dō yúh** chuvoso
袋 **dói** sacola, bolsa
代辦處 **doih baahn chyu** agência
當地 **dōng deih** local
刀 **dōu** faca
賭場 **dóu chèuhng** cassino
倒空 **dóu hūng** esvaziar
到 **dou** chegar
到達 **dou daaht** desembarcar
度 **douh** graus (temperatura)
渡輪 **douh lèuhn** balsa
道路 **douh louh** caminho
導盲犬 **douh màahng hyún** cão-guia
毒藥 **duhk yeuhk** veneno
動脈 **duhng mahk** artéria

動物 duhng maht animal
動物園 duhng maht yùhn zoológico
東部 dūng bouh leste
短 dyún curto
短褲 dyún fu shorts
短袖 dyún jauh manga curta

F

花 fā flor
化妝乳液 fa jōng yúh yihk loção
飯 faahn refeição
飯廳 faahn tēng sala de jantar
快 faai expresso
塊 faai pedaço
快餐 faai chāan fast-food
快速 faai chūk rápido
筷子 faai jí pauzinhos (para comer)
番鹼 fāan gáan sabonete
翻譯 fāan yihk traduzir
發傳真 faat chyùhn jān enviar fax
發電郵 faat dihn yàuh enviar e-mail
發短信 faat dyún seun escrever (mensagem)
發貨單 faat fo dāan fatura
琺瑯 faat lòhng esmaltado (joias)
髮廊 faat lòhng salão de cabelereiro
發燒 faat sīu febre
發音 faat yām pronunciar
髮型 faat yìhng penteado
髮型師 faat yìhng sī cabelereiro
罰款 faht fún multa (taxa)
肺 fai pulmão
廢墟 fai hēui ruínas
費用 fai yuhng despesa
花粉症 fān fán jing febre do feno
分機 fān gēi extensão (telefone)
分居 fān gēui separado (estado civil)
分鐘 fān jūng minuto
粉紅色 fán hùhng sīk rosa (cor)
訓覺 fan gaau dormir
飛髮 fēi faat corte de cabelo
飛機 fēi gēi avião
飛機場 fēi gēi chèuhng aeroporto
菲林 fēi lám filme (câmera)
火 fó fogo
火柴 fó chàaih fósforo
火車 fó chē trem
火車站 fó chē jaahm estação de trem
貨幣 fo baih moeda corrente
貨幣兌換 fo baih deui wuhn câmbio de moeda
貨幣兌換局 fo baih deui wuhn gúk casa de câmbio
課程 fo chìhng lição, aula
防火門 fòhng fó mùhn porta corta-fogo

房間 fòhng gāan quarto
房間鑰匙 fòhng gāan só sìh chave do quarto
防曬霜 fòhng saai sēung protetor solar
防疫 fòhng yihk vacinação
方向 fōng heung direção
褲 fu calça
呼吸 fū kāp respirar
俯視 fú sih olhar do alto (lugar turístico)
副標題 fu bīu tàih subtítulo
副作用 fu jok yuhng efeito colateral
婦產科醫生 fúh cháan fō yī sāng ginecologista
父親 fuh chān pai
附加費 fuh gā fai *couvert* artístico, custo adicional
附近 fuh gahn perto de, próximo
服裝要求 fuhk jōng yīu kàuh traje recomendado
服務 fuhk mouh serviço (em um restaurante)
服務台 fuhk mouh tòih balcão de serviços
服務員 fuhk mouh yùhn garçom
灰色 fūi sīk cinza
歡迎 fūn yìhng saudar (dar boas-vindas)
風筒 fūng túng secador de cabelo

G

加大碼 gā daaih máh tamanho grande
加滿 gā múhn encher (com comida)
家庭 gā tìhng família
加入 gā yahp adicionar
加油站 gā yàuh jaahm posto de gasolina
加熱 gā yiht esquentar
加熱器 gā yiht hei aquecedor
假牙 gá ngàh dentadura
咖啡店 ga fē dim cafeteria
咖啡館 ga fē gún cafeteira
咖啡色 ga fē sīk marrom
價格 ga gaak preço
價格固定嘅菜單 ga gaak gu dihng ge choi dāan cardápio com preço fixo
價值 ga jihk valor
假期 ga kèih férias
加拿大 ga nàh daaih Canadá
駕駛執照號碼 ga sái jāp jiu houh máh número da carteira de habilitação (motorista)
隔夜 gaahk yeh pernoite
戒指 gaai jí anel
介紹 gaai siuh recomendar, apresentar
監督 gāam dzenask supervisão
交換 gāau wuhn trocar (produtos)

較剪 **gaau jín** tesoura
教堂 **gaau tóng** igreja
近視 **gahn sih** miopia
計時器 **gai sìh hei** parquímetro
金 **gām** ouro
今晚 **gām máahn** hoje à noite
感謝 **gám jeh** agradecer
感冒 **gám mouh** resfriado, gripe
今日 **gām yaht** hoje
禁止 **gam jí** proibir
禁煙 **gam yīn** não fumante
緊急 **gán gāp** urgente
緊急出口 **gán gāp chēut háu** saída de emergência
緊急狀態 **gán gāp johng taai** situação de emergência
緊身褲 **gán sān fu** ceroulas
更改路線 **gāng gói louh sin** rota alternativa
救生衣 **gau sāng yī** colete salva-vidas
救生員 **gau sāng yùhn** salva-vidas
救護車 **gau sēung chē** ambulância
肌肉 **gēi yuhk** músculo
幾多 **géi dō** quanto
幾時 **géi sìh** quando
紀念品 **gei nihm bán** *souvenir*
紀念品商店 **gei nihm bán sēung dim** loja de *souvenirs*
紀念館 **gei nihm gún** memoria (lugar)
技工 **geih gūng** mecânica
頸 **géng** pescoço
頸鏈 **géng lín** colar
鏡片 **geng pín** lentes (de óculos)
腳趾 **geuk jí** dedo do pé
腳 **geuk** pé
腳眼 **geuk ngáahn** tornozelo
件 **gihn** peça (quantidade)
健康 **gihn hōng** saúde
健康食品店 **gihn hōng sihk bán dim** loja de alimentos saudáveis
檢查 **gím chàh** verificar
兼職 **gīm jīk** meio período
見面 **gin mihn** encontrar (alguém)
警察 **gíng chaat** polícia
警察報告 **gíng chaat bou gou** boletim de ocorrência
警察局 **gíng chaat gúk** delegacia de polícia
經濟艙 **gīng jai chōng** classe econômica
經期腹痛 **gīng kèih fūk tung** cólica menstrual
經理 **gīng léih** gerente
景泰藍 **gíng taai làahm** *cloisonné* (pintura esmaltada)
結束 **git chūk** terminar

結婚 **git fān** casar
嬌小 **gīu síu** pequenino, delicado
叫醒服務 **giu séng fuhk mouh** serviço de despertador
叫野 **giu yéh** mandar (dar ordem)
歌劇 **gō kehk** ópera
歌劇院 **gō kehk yún** casa de ópera
嗰 **gó** aquele, aquela, aquilo
嗰度 **gó douh** ali, lá
個人密碼 **go yàhn math máh** número de identificação pessoal
改 **gói** alterar, trocar (roupa)
乾淨 **gōn jehng** limpo
肝臟 **gōn johng** fígado (corpo humano)
乾洗店 **gōn sái dim** lavanderia a seco
趕時間 **gón sìh gaan** pressa (correria)
講 **góng** falar
港元 **góng yùhn** dólar de Hong Kong
高 **gōu** alto
高速公路 **gōu chūk gūng louh** rodovia
高腳椅 **gōu geuk yí** cadeira alta
高爾夫球比賽 **gōu yíh fū kàuh béi choi** torneio de golfe
高爾夫球場 **gōu yíh fū kàuh chèuhng** campo de golfe
古典音樂 **gú dín yām ngohk** música clássica
古董店 **gú dung dim** antiquário
古龍水 **gú lùhng séui** colônia (perfume)
故障 **gu jeung** colapso
顧問 **gu mahn** consultor
癐喇 **guih la** cansado
罐 **gun** lata
觀點 **gūn dím** mirante
觀光 **gūn gwōng** turismo
觀光旅遊 **gūn gwōng léuih yàuh** passeio turístico
宮殿 **gūng dihn** palácio
公斤 **gūng gān** quilograma
攻擊 **gūng gīk** ataque (a uma pessoa)
公共 **gūng guhng** público
公仔 **gūng jái** boneco
公里 **gūng léih** quilômetro
公升 **gūng sīng** litro
公寓 **gūng yuh** apartamento
公用電話 **gūng yuhng dihn wá** telefone público
公園 **gūng yún** parque
掛號信 **gwa houh seun** carta registrada
掛鐘 **gwa jūng** relógio de parede
關閉 **gwāan bai** fechado
關係 **gwāan haih** relacionamento

關節 gwāan jit articulação (corpo humano)
關節炎 gwāan jit yìhm artrite
關門 gwāan mùhn fechar (uma loja)
關稅 gwāan seui taxa aduaneira
貴重嘅 gwai juhng ge valioso
骨頭 gwāt tàuh osso
過敏反應 gwo máhn fáan ying reação alérgica
國家代號 gwok gā doih houh código do país
國際 gwok jai internacional
國際學生證 gwok jai hohk sāang jing carteira de estudante internacional
國際航班 gwok jai hòhng bāan voo internacional
國籍 gwok jihk nacionalidade
國內 gwok noih doméstico
國內航班 gwok noih hòhng bāan voo doméstico

H

行人 hàahng yàhn pedestre
鞋 hàaih sapatos
鞋帶 hàaih dáai cadarço
鞋鋪 hàaih póu loja de calçados
客艙 haak chōng cabine
客房清潔服務 haak fóng chīng git fuhk móuh serviço de limpeza de quarto
客房送餐服務 haak fóng sung chāan fuhk mouh serviço de quarto
峽谷 haap gūk cânion (desfiladeiro)
烤 hāau grelhar
烤肉 hāau yuhk churrasco
下晝 hah jau da tarde/da noite
下爬 hah pàh mandíbula
下一個 hah yāt go próximo (seguinte)
行李 hàhng léih bagagem
行李暫存箱 hàhng léih jaahm chyùhn sēung guarda-volumes
行李票 hàhng léih piu bilhete de bagagem
行李推車 hàhng léih tēui chē carrinho de bagagem
行李認領 hàhng léih yihng léhng esteira de bagagem
合法 hahp faat válido
喺 hái em
係 haih sim
克 hāk grama (medida)
黑暗 hāk ngam escuro
黑色 hāk sīk preto
口 háu boca
口渴 háu hot sede
口譯員 háu yihk yùhn tradutor-intérprete

喉嚨 hàuh lùhng garganta
喉嚨痛 hàuh lùhng tung dor de garganta
候診室 hauh chán sāt sala de espera
候機大堂 hauh gēi daaih tòhng terminal (aeroporto)
後面 hauh mihn atrás (direção)
起飛 héi fēi decolar
氣泵 hei bām bomba de ar
汽車 hei chē carro
汽車座位 hei chē joh wái banco do carro
氣喘 hei chyún asmático
戲劇 hei kehk peça de teatro
器皿 hei míhng utensílio
汽船 hei syùhn barco a motor
汽油 hei yàuh petróleo
戲院 hei yún teatro
靴 hēu botas
去 heui ir (para algum lugar)
香薰療法 hēung fān lìuh faat aromaterapia
香口膠 hēung háu gāau chiclete
香水 hēung séui perfume
享用 héung yuhng apreciar
顯示 hín sih mostrar
兄弟 hīng daih irmão
河 hòh rio
河谷 hòh gūk vale
學校 hohk haauh escola

學習 hohk jaahp estudar
學生 hohk sāang estudante
航班 hòhng bāan voo
航空公司 hòhng hūng gūng sī companhia aérea
航空信 hòhng hūng seun correio aéreo
開 hōi acender (luz)
開車 hōi chē dirigir (carro)
開始 hōi chí começar
開處方 hōi chyúh fōng prescrever (receita médica)
開單 hōi dāan faturar (conta)
開罐器 hōi gun hei abridor de lata
海關 hói gwāan alfândega
開酒器 hōi jáu hei saca-rolha
開著 hōi jeuhk aberto
開瓶器 hōi pìhng hei abridor de garrafa
開胃菜 hōi waih choi aperitivo
海 hói mar
海灘 hói tāan praia
罕見 hón gin raro (objeto)
好 hóu bom
好食 hóu sihk delicioso (comida)
紅綠燈 hùhng luhk dāng semáforo
紅色 hùhng sīk vermelho
胸圍 hūng wàih sutiã
血壓 hyut ngaat pressão arterial

血液 **hyut yihk** sangue

J

碴 **jā** jarra
站 **jaahm** estação
雜貨店 **jaahp fo dim** mercearia
雜誌 **jaahp ji** revista
針灸 **jām gau** acupuntura
枕頭 **jám tàuh** travesseiro
真正 **jān jing** real
珍珠 **jān jyū** pérola
鎮 **jan** município
震驚 **jan gīng** impressionante
質量 **jāt leuhng** qualidade
週末 **jāu muht** final de semana
走 **jáu** caminhar
酒吧 **jáu bā** bar
酒店 **jáu dim** hotel
酒類表 **jáu leuih bíu** carta de vinhos
遮 **je** guarda-chuva
借記卡 **je gei kāat** cartão de débito
最後 **jeui hauh** último
最好 **jeui hóu** melhor
嘴唇 **jéui sèuhn** lábio
雀仔 **jeuk jái** pássaro
爵士樂 **jeuk sih ngohk** jazz
爵士俱樂部 **jeuk sih ngohk kēui lohk bouh** clube de jazz
樽 **jēun** garrafa
準備好 **jéun beih hóu** pronto
准許 **jéun héui** permitir
進入 **jeun yahp** entrar, entrada
帳篷 **jeung fùhng** barraca (tenda)
帳篷杆 **jeung fùhng gōn** pau da barraca
帳篷樁 **jeung fùhng jōng** estaca de barraca
賬戶 **jeung wuh** conta
支付 **jī fuh** pagar
支票 **jī piu** cheque
支票 **jī piu** cheque (de pagamento)
紙 **jí** papel
紙幣 **jí baih** nota (de dinheiro)
指甲 **jí gaap** unha do dedo da mão
趾甲 **jí gaap** unha do dedo do pé
指甲銼 **jí gaap cho** lixa de unha
紙巾 **jí gān** papel toalha
只係 **jí haih** somente
止汗劑 **jí hon jāi** desodorante
姐妹 **jí múi** irmã
指南 **jí nàahm** guia (livro)
自動提款機 **jih duhng tàih fún gēi** caixa eletrônico
自動提款卡 **jih duhng tàih fún kāat** cartão de débito
自助 **jih joh** self-service
寺廟 **jih míu** templo
自然保護區 **jih yìhn bóu wuh kēui** reserva natural
直 **jihk** reto

植物園 **jihk maht yùhn** jardim botânico
即棄 **jīk hei** descartável
即棄剃鬚刀 **jīk hei tai sōu dōu** barbeador descartável
即時訊息 **jīk sìh seun sīk** mensagem instantânea
毯 **jīn** cobertor
煎鍋 **jīn wō** frigideira
剪 **jín** aparar (cortar o cabelo)
戰場 **jin chèuhng** campo de batalha
戰爭紀念館 **jin jāng gei nihm gún** memorial de guerra
蒸鍋 **jīng wō** panela de vapor
證件 **jing gín** identificação
症狀 **jing johng** condição (médica)
證明 **jing mìhng** certificar
證實 **jing saht** confirmar
接受 **jip sauh** receber
折 **jit** desconto
招待會 **jīu doih wúi** recepção
左邊 **jó bīn** esquerda (direção)
座位 **joh wái** assento
撞 **johng** bater (carro)
再見 **joi gin** tchau
壯觀 **jong gūn** magnífico
租 **jōu** alugar
早 **jóu** cedo
早餐 **jóu chāan** café da manhã
祖父母 **jóu fuh móuh** avós
早晨 **jóu sàhn** manhã
做 **jouh** fazer
做野 **jouh yéh** trabalhar
足球 **jūk kàuh** futebol
中午 **jūng bouh** meio-dia
中等 **jūng dáng** médio (tamanho)
中國 **jūng gwok** China
中國畫 **jūng gwok wá** pintura chinesa
中文 **jūng màhn** língua chinesa
鍾意 **jūng yi** gostar
腫 **júng** inchaço
中暑 **jung syú** insolação
珠寶商 **jyū bóu sēung** joalheria
主菜 **jyú choi** prato principal
主要景點 **jyú yiu gíng dím** atração principal
住 **jyuh** morar
住喺 **jyuh hái** hospedar-se
住宿 **jyuh sūk** acomodação
專家 **jyūn gā** especialista (nível de habilidade)
轉賬 **jyún jeung** transferir (dinheiro)
轉 **jyun** transferir (trocar de trem/voo)
轉機 **jyun gēi** conexão (voo)
轉角處 **jyun gok chyu** esquina
鑽石 **jyun sehk** diamante

K

卡路里 kā louh léih caloria
卡 kāat cartão
咭片 kāat pín cartão de visita
琴日 kàhm yaht ontem
近 kahn próximo
吸塵器 kāp chàhn hei aspirador de pó
咳 kāt tosse, tossir
購物 kau maht compras
購物中心 kau maht jūng sām shopping
購物區 kau maht kēui área de compras
購物籃 kau maht láam cesta de compras
球拍 kàuh páak raquete (esporte)
期間 kèih gāan durante, período (de tempo)
奇怪 kèih gwaai estranho
強姦 kèuhng gāan estupro
區號 kēui houh código de área
俱樂部 kēui lohk bouh clube
區域 kēui wihk região
拒絕 kéuih jyuht recusar (cartão de crédito)
橋樑 kìuh lèuhng ponte
蓋印 koi yan carimbar (uma passagem)
抗生素 kong sāng sou antibiótico
曲棍球 kūk gwan kàuh hóquei
裙 kwàhn saia
困難 kwan nàahn dificuldade
拳擊比賽 kyùhn gīk béi choi campeonato de boxe

L

肋骨 laahk gwāt costela (corpo humano)
籃球 làahm kàuh basquete
藍色 làahm sīk azul
爛 laahn quebrar (dente)
爛咗 laahn jó quebrado
冷 láahng frio, gelado
冷氣 láahng hei ar-condicionado
垃圾 laahp saap lixo
垃圾袋 laahp saap dói saco de lixo
辣 laaht apimentado
拉 lāai puxar
攬 láam abraçar
臨時 làhm sih temporário
嚟 làih vir
禮拜 láih baai missa (igreja)
禮品店 láih bán dim loja de presentes
禮服 láih fuhk traje (peça de roupa)
禮物 láih maht presente
褸 lāu jaqueta
流動性 làuh dung sing mobilidade

流行音樂 làuh hàhng yām ngohk música pop
流血 làuh hyut sangrar
樓梯 làuh tāi escada
領呔 léhng tāai gravata (peça de roupa)
利 leih afiado
離婚 lèih fān divórcio
離開 lèih hōi partida, embarque
釐米 lèih máih centímetro
理髮師 léih faat sī barbeiro
理解 léih gáai compreender
里數 léih sou milhagem
靚 leng lindo
輪椅 lèuhn yí cadeira de rodas
輪椅道 lèuhn yí douh rampa para cadeira de rodas
涼 lèuhng fresco (temperatura)
量杯 lèuhng būi copo de medida
量羹 lèuhng gāng colher de medida
涼鞋 lèuhng hàaih sandálias
律師 leuht sī advogado
雷雨 lèuih yúh tempestade com trovoada
旅程 léuih chìhng viagem
旅客 léuih haak turista
旅行支票 léuih hàhng jī piu cheque de viagem
旅行社 léuih hàhng séh agência de turismo
旅舍 léuih se albergue
旅遊資訊辦公室 léuih yàuh jī seun baahn gūng sāt agência de informação turística
連接 lìhn ji conexão (internet), conectar (internet)
領事館 líhng sih gún consulado
令人驚奇嘅 lihng yàhn gīng kèih ge surpreendente
列印 liht yan imprimir
落 lohk apostar
落車 lohk chē descer (de trem/ônibus/metrô)
樂趣 lohk cheui prazer
浪漫 lohng maahn romântico
爐 lòuh fogão
老 lóuh velho
老公 lóuh gūng marido
老年人 lóuh nìhn yàhn idoso
老婆 lóuh pòh esposa
路口位 louh háu wái assento no corredor
路權 louh kyùhn preferencial (direito de passagem)
路線 louh sin rota
路線圖 louh sin tòuh mapa de ruas
露營 louh yìhng acampar
露營爐 louh yìhng lòuh fogão de acampamento
綠色 luhk sīk verde

聾 **lùhng** surdo
聯繫 **lyùhn haih** contatar

M

唔 **m** não
唔見咗 **m gin jó** perder (algo)
唔該 **m gōi** por favor
晚餐 **máahn chāan** jantar
晚安 **máahn ngōn** boa noite
慢慢地 **maahn máan déi** devagar
盲腸 **màahng chéung** apêndice (corpo humano)
買 **máaih** comprar
賣 **maaih** vender
賣花人 **maaih fā yàhn** florista
麻布 **màh bou** linho
麻醉 **màh jeui** anestesia
媽媽 **màh mā** mãe
民間音樂 **màhn gāan yām ngohk** música popular
文字 **màhn jih** texto (mensagem)
敏感 **máhn gám** alérgico
問題 **mahn tàih** problema
襪 **maht** meia (peça de roupa)
密碼 **maht máh** senha
米黃色 **máih wòhng sīk** bege
蚊 **mān** moeda corrente de Hong Kong
乜野 **māt yéh** o que
微波爐 **mèih bō lòuh** micro-ondas

美國 **méih gwok** Estados Unidos
美國人 **méih gwok yàhn** americano
美元 **méih yùhn** dólar americano
名 **méng** nome
棉花 **mìhn fā** algodão
明信片 **mìhn seun pín** cartão-postal
棉條 **mìhn tíu** absorvente interno
面 **mihn** rosto
麵包鋪 **mihn bāau póu** padaria
面部 **mihn bouh** face
免費 **mín fai** gratuito
免稅 **mín seui** isenção de imposto
網吧 **móhng bā** cibercafé
網球 **móhng kàuh** tênis (esporte)
剝 **mōk** extrair (dente)
帽 **móu** chapéu
毛巾 **mòuh gān** toalha
無限次使用嘅 **mòuh haahn chi sí yuhng ge** bilhete de múltiplas viagens
無酒精 **mòuh jáu jīng** não alcoólico
無脂肪 **mòuh jī fōng** sem gordura
無聊嘅 **mòuh lìuh ge** chato
無味 **mòuh meih** suave (sem sabor)
無線電話 **mòuh sin dihn wá** telefone sem fio

無線互聯網 **mòuh sin wuh lyùhn móhng** internet sem fio (*wireless*)
無線互聯網服務 **mòuh sin wuh lyùhn móhng fuhk mouh** serviço de internet sem fio (*wireless*)
毛衣 **mòuh yī** suéter
無鉛 **mòuh yùhn** sem chumbo
冇 **móuh** sem
舞蹈俱樂部 **móuh douh kēui lohk bouh** clube de dança
冇知覺 **móuh jī gok** inconsciente
冇乜野 **móuh māt yéh** nenhum
無人睇 **móuh yàhn tái** desacompanhado
木炭 **muhk taan** carvão
每 **múih** por
每個鐘頭 **múih go jūng tàuh** por hora
每個星期 **múih go sīng kèih** por semana
每週 **múih jāu** semanalmente
每晚 **múih máahn** por noite
每日 **múih yaht** por dia

N
南 **nàahm** sul
男仔 **nàahm jái** menino
男朋友 **nàahm pàhng yáuh** namorado
男人 **nàahm yán** homem
難睇 **nàahn tái** feio
奶粉 **náaih fán** leite em pó
奶嘴 **náaih jéui** chupeta
奶樽 **náaih jēung** mamadeira
扭傷 **náu sēung** entorse
你好 **néih hóu** olá
女服務員 **néuih fuhk mouh yùhn** garçonete
女仔 **néuih jái** menina
女裝恤衫 **néuih jōng sēut sāam** blusa feminina
女朋友 **néuih pàhng yáuh** namorada
女人 **néuih yán** mulher
顏色 **ngàahn sīk** cor
眼 **ngáahn** olho
眼鏡 **ngáahn géng** óculos
硬幣 **ngaahng beih** moeda
額外 **ngaak ngoih** extra
牙 **ngàh** dente
牙膏 **ngàh gōu** pasta de dente
牙醫 **ngàh yī** dentista
銀 **ngàhn** prata
銀包 **ngàhn bāau** porta-moedas
銀行 **ngàhn hòhng** banco
危險 **ngàih hím** perigoso
嘔 **ngáu** vomitar
牛仔布 **ngàuh jái bou** jeans (tecido)
牛仔褲 **ngáuh jái fu** calça jeans

午餐 ngh chāan almoço
午夜 ngh yeh meia-noite
餓 ngoh estar com fome
臥鋪車 ngoh pōu chē vagão-leito
樂隊 ngohk déui banda (musical)
昂貴 ngòhng gwai caro
愛 ngoi amor, amar (alguém)
愛爾蘭 ngoi yíh làahn Irlanda
愛爾蘭人 ngoi yíh làahn yàhn irlandês
外面 ngoih mihn fora
外套 ngoih tou casaco
安全 ngōn chyùhn seguro (protegido)
安靜 ngōn jihng quieto
按 ngon pressionar
按摩 ngon mō massagem
屋 ngūk casa
呢 nī este, esta, isto
呢度 nī douh aqui
年 nìhn ano
年輕 nìhn hīng jovem
年齡 nìhn nìhng idade
尿 niuh urina
尿片 niuh pín fralda
農產品 nùhng cháan bán produto
農產品商店 nùhng cháan bán sēung dim loja de produtos
農場 nùhng chèuhng fazenda
暖 nyúhn morno

O

澳洲 ou jāu Austrália

P

棒球 páahng kàuh beisebol
排球賽 pàaih kàuh choi jogo de vôlei
烹調 pāang tiùh cozinhar
跑馬場 páau máh chèuhng hipódromo
扒艇 pàh téhng barco a remo
爬山電單車 pàh sāan dihn dāan chē bicicleta de montanha
貧血 pàhn hyut anemia
朋友 pàhng yáuh amigo
噴髮劑 pan faat jāi laquê
噴水池 pan séui chìh fonte
平 pèhng barato
皮 péi couro
屁股 pei gú nádegas
皮帶 pèih dáai cinto
皮膚 pèih fū pele
平底鑊 pìhng dái wohk caçarola
片 pin fatia (de algo)
票 piu bilhete, passagem
膀胱 pòhng gwōng bexiga (corpo humano)
抱歉 póu hip desculpa
普通 pōu tūng comum
鋪位 pou wái leito
葡萄園 pòuh tòuh yùhn vinícola

配菜 **pui choi** acompanhamento (refeição)

S

沙漠 **sā mohk** deserto
砂鍋 **sā wō** panela de barro
曬傷 **saai sēung** queimadura do sol
山 **sāan** montanha
刪除 **sāan chèuih** deletar
山頂 **sāan déng** pico (de uma montanha)
山洞 **sāan duhng** caverna
山仔 **sāan jái** colina
山路小徑 **sāan louh síu ging** trilha
山路圖 **sāan louh tòuh** mapa da trilha
散紙 **sáan jí** trocado (dinheiro)
生日 **sāang yaht** aniversário
殺蟲劑 **saat chùhng jāi** repelente de inseto
腎臟 **sahn johng** rim (corpo humano)
十字路口 **sahp jih louh háu** cruzamento
西部 **sāi bouh** oeste
西服套裝 **sāi fuhk tou jōng** terno
洗 **sái** lavar, limpar
洗潔精 **sái git jīng** detergente para lava-louça
洗過嘅衫 **sái gwo ge sāam** roupa lavada
洗頭水 **sái tàuh séui** xampu
洗碗機 **sái wún gēi** máquina de lavar louça
洗衣店 **sái yī dim** lavanderia
洗衣店設施 **sái yī dim chit sī** instalações da lavanderia
洗衣服務 **sái yī fuhk mouh** serviço de lavanderia
洗衣機 **sái yī gēi** máquina de lavar roupa
細蚊仔 **sai mān jái** criança
心口 **sām háu** peito, tórax (corpo humano)
心口針 **sām háu jām** broche
心口痛 **sām háu tung** dor no peito
心臟 **sām johng** coração (corpo humano)
心臟狀況 **sām johng johng fong** condição cardíaca
森林 **sām làhm** floresta
申報 **sān bou** declarar
新手 **sān sáu** iniciante (nível de habilidade)
新鮮 **sān sīn** fresco (alimento)
失去 **sāt heui** perdido
失物認領處 **sāt maht yihng líhng chyu** achados e perdidos

室外游泳池 sāt ngoih yàuh wihng chìh piscina ao ar livre
室内泳池 sāt noih wihng chìh piscina coberta
膝頭 sāt tàuh joelho
失業者 sāt yihp jé desempregado
修道院 sāu douh yún mosteiro
收費 sāu fai taxa de cobrança
收據 sāu geui recibo
修腳指甲 sāu jín geuk gaap pedicure
修理 sāu léih reparar (consertar)
修手甲 sāu sáu gaap manicure
手 sáu mão
手臂 sáu bei braço
手錶 sáu bīu relógio de pulso
手動汽車 sáu duhng hei chē carro manual
手機 sáu gēi telefone celular
手睜 sáu jāang cotovelo
手指 sáu jí dedo da mão
手扼 sáu ngáak bracelete
首飾 sáu sīk joia
手提箱 sáu tàih sēung mala de mão
手推車 sáu tēui chē carrinho de compras
手腕 sáu wún pulso
售票處 sauh piu chyu bilheteria, guichê de passagens
寫 sé escrever
錫紙 sehk jí papel-alumínio
錫 sek beijar
醒 séng acordar
純銀 syùhn ngán prata esterlina
需要 sēui yiu precisar
水池 séui chìh piscina
水底呼吸設備 séui dái fū kāp chit beih equipamento de mergulho
水晶 séui jīng cristal
睡袋 seuih dói saco de dormir
睡意 seuih yi sonolência
睡衣 seuih yī pijama
訊問處 sēun mahn chyu balcão de informaçoes
C信封 seun fūng envelope
信件 seun gín carta
信息 seun sīk mensagem
信用卡 seun yuhng kāat cartão de crédito
箱 sēung caixa
商場 sēung chèuhng shopping center
雙程 sēung chìhng passagem de ida e volta
商店目錄 sēung dim muhk luh catálogo da loja
相反 sēung fáan oposto
傷口 sēung háu corte (machucado)
商務 sēung mouh negócios

商務艙 **sēung mouh chōng** classe executiva
傷心 **sēung sām** triste
雙人床 **sēung yàhn chòhng** cama de casal
商業中心 **sēung yihp jūng sām** centro de negócios
相 **séung** foto
相機 **séung gēi** câmera fotográfica
相機套 **séung gēi tou** estojo para câmera
想嘔 **séung ngáu** náuseas
恤衫 **sēut sāam** camiseta
絲綢 **sī chàuh** seda
CD **sī dī** CD
紙巾 **jí gān** papel toalha
試吓 **si háh** saborear
絲襪 **sī maht** meia-calça
使用 **sí yuhng** usar
試身室 **si sān sāt** provador (vestuário)
市場 **síh chèuhng** mercado
市地圖 **síh deih tòuh** mapa da cidade
時間 **sìh gaan** tempo
時間表 **sìh gaan bíu** calendário
時裝店 **sìh jōng dim** loja de roupas
市政廳 **síh jing tēng** prefeitura
市中心 **síh jūng sām** centro da cidade
市中心廣場 **síh jūng sām gwóng chèuhng** praça da cidade
食 **sihk** comer
食物 **sihk maht** comida
食藥 **sihk yeuhk** tomar (remédio)
食煙 **sihk yīn** fumar; fumante (área)
城堡 **sìhng bóu** castelo
乘客 **sìhng haak** passageiro
舌 **siht** língua
熄 **sīk** apagar (luz)
適合 **sīk hahp** adequado (vestuário)
線 **sin** linha (trem)
星期 **sīng kèih** semana
攝氏 **sip sih** grau Celsius
攝影器材商店 **sip yíng hei chòih sēung dim** loja de câmera fotográfica
燒 **sīu** assar
消毒藥膏 **sīu duhk yeuk gōu** creme antisséptico
消防隊 **sīu fòhng yùhn** corpo de bombeiros
銷售稅 **sīu sauh seui** imposto sobre vendas
小 **síu** pequeno
小酒吧 **síu jáu bā** minibar
小組 **síu jóu** grupo

小溪 síu kāi riacho
小路路線圖 síu louh louh sin tòuh mapa da trilha
小時 síu sìh hora
小食店 síu sihk dim lanchonete
少少 síu síu pouco
梳 sō pente, escova de cabelo
炒鍋 sō wō wok (frigideira)
鎖 só fechadura
鑰匙 só sìh chave
鑰匙卡 só sìh kāat cartão do quarto
鑰匙扣 só sìh kau chaveiro
桑拿 sōng nàh sauna
鬚後水 sōu hauh séui loção pós-barba
帚把 sou bá vassoura
數字 sou jih número
數碼 sou máh digital
數碼相機 sou máh séung gēi câmera fotográfica digital
數碼相片 sou máh seung pín foto digital
數碼印刷品 sou máh yan chaat bán impressão digital
掃描器 sou mìuh hei digitalizador (escâner)
素食者 sou sihk jé vegetariano
熟食 suhk sihk guloseima
宿醉 sūk jeui ressaca
宿舍 sūk se dormitório
送 sung enviar
書 syū livro
書店 syū dim livraria
書法用品 syū faat yuhng bán artigos de caligrafia
樹 syuh árvore
船 syùhn barco
孫 syūn neto(a)
損傷 syún sēung danificar
說唱樂 syut cheung lohk rap (música)
雪櫃 syut gwaih congelador
雪靴 syut hēu botas de neve
雪茄 syut kā charuto

T

太 taai muito
太熟 taai suhk bem passado
太陽 taai yèuhng sol
太陽眼鏡 taai yèuhng ngáahn géng óculos de sol
探病時間 taam behng sìh gaan horário de visita (hospital)
塔 taap torre
睇 tái olhar
體操 tái chōu ginástica
睇見 tái gin ver
體育 tái yuhk esportes
體育場 tái yuhk chèuhng estádio
體育用品商店 tái yuhk yuhng bán sēung dim loja de produtos esportivos

剃鬚刀 **tai sōu dōu** barbeador
剃鬚膏 **tai sōu gōu** creme de barbear
吞 **tān** engolir
偷 **tāu** roubar
偷竊 **tāu sit** roubo
頭 **tàuh** cabeça (corpo humano)
頭等艙 **tàuh dáng chōng** primeira classe
頭髮 **tàuh faat** cabelo
頭盔 **tàuh kwāi** capacete
投訴 **tàuh sou** reclamação
頭痛 **tàuh tung** dor de cabeça
頭暈眼花 **tàuh wàhn ngáahn fā** tonto
推薦 **tēui jin** recomendação
腿 **téui** perna
退出 **teui chēut** retirar, afastar
退房 **teui fóng** *check-out* (hotel)
退休 **teui yāu** aposentado
T恤 **tī sēut** camiseta
甜 **tìhm** doce (sabor)
填寫 **tìhn sé** preencher (formulário)
停車 **tìhng chē** estacionar
停車場 **tìhng chē chèuhng** estacionamento
停車計時器 **tìhng chē gai sìh hei** parquímetro
停低 **tìhng dāi** parar
天氣 **tīn hei** clima
聽日 **tīng yaht** amanhã
聽力唔好 **ting lihk m hóu** deficiência auditiva
鐵軌 **tit gwái** trilho (trem)
跳舞 **tiu móuh** dançar
拖車 **tō chē** guincho (reboque)
拖鞋 **tō háai** chinelo
糖尿病 **tòhng niuh behng** diabetes
檯 **tói** mesa
托運 **tok wahn** despachar bagagem
湯羹 **tōng gāng** colher de sopa
熨衫 **tong sāam** passar roupa
熨斗 **tong dáu** ferro de passar roupa
肚屙 **tóu ngō** diarreia
陶器 **touh hei** cerâmica
圖書館 **tòuh syū gún** biblioteca
同 **tùhng** com
銅 **tùhng** cobre
同事 **tùhng sih** colega de trabalho
同一 **tùhng yāt** mesmo (igual)
通知 **tūng jī** notificar
痛 **tung** dor
斷開 **tyúhn hōi** desconectar (computador)

W

還 **wàahn** devolver
滑浪板 **waaht lohng báan** prancha de surfe

滑水板 **waaht séui báan** *jet ski*
壞咗 **waaih jó** danificado
玩 **wáan** brincar
運動場 **wahn duhng chèuhng** campo (esporte)
運動鞋 **wahn duhn hàaih** tênis
運動衫 **wahn duhng sāam** camiseta de ginástica
暈浪 **wàhn lohng** enjoo
運送 **wahn sung** enviar (correio)
餵 **wai** alimentar
餵母乳 **wai móuh yúh** amamentar
胃 **waih** estômago
為咗 **waih jó** para
衛生棉 **waih sāng mìhn** absorvente íntimo
維生素 **wàih sāng sou** vitamina
胃痛 **waih tung** dor de estômago
溫泉 **wān chyùhn** águas termais
溫泉 **wān chyùhn** spa
V領 **wī léhng** gola em V
泳衣 **wihng yī** maiô/sunga
黃色 **wòhng sīk** amarelo
污糟 **wū jōng** sujeira
湖 **wùh** lago
護髮素 **wuh faat sou** condicionador
護照 **wuh jiu** passaporte
護照管制 **wuh jiu gún jai** controle de passaporte

互聯網 **wuh lyùhn móhng** internet
互聯網服務 **wuh lyùhn móhng fuhk mouh** serviço de internet
護士 **wuh sih** enfermeiro
換車 **wuhn chē** trocar de ônibus
換錢 **wuhn chín** trocar dinheiro
換地方 **wuhn deih fōng** trocar (de lugar)
玩具店 **wuhn geui dim** loja de brinquedos
玩具 **wuhn geuih** brinquedo
換尿片 **wuhn niuh pín** trocar a fralda
換現金 **wuhn yihn gām** converter dinheiro
回收 **wùih sāu** reciclagem
會係 **wúih haih** ser
會員證 **wúih yùhn jing** cartão de membro
會議 **wuih yíh** conferência, reunião
會議室 **wuih yíh sāt** sala de reunião
會議廳 **wuih yíh tēng** sala de convenções
碗 **wún** tigela

Y

任何野 **yahm hòh yéh** qualquer coisa

人民幣 **yàhn màhn baih** Ren Min Bi (moeda chinesa)
入場 **yahp chèuhng** admissão, ingresso
入口 **yahp háu** entrada
日 **yaht** dia
日期 **yaht kèih** data (calendário)
陰道 **yām douh** vagina
陰道傳染 **yām douh chyùhn yíhm** infecção vaginal
陰莖 **yām ging** pênis
音樂 **yām ngohk** música
音樂商店 **yām ngohk sēung dim** loja de música
音樂廳 **yām ngohk tēng** sala de concerto musical
音樂會 **yām ngohk wúi** concerto musical
飲 **yám** beber
飲料 **yám liuh** bebida
飲料單 **yám liuh dāan** cardápio de bebidas
飲用水 **yám yuhng séui** água potável
隱形眼鏡 **yán yìhng ngáahn géng** lentes de contato
隱形眼鏡液 **yán yìhng ngáahn géng yihk** colírio para lentes de contato
一打 **yāt dā** uma dúzia
一共 **yāt guhng** total (quantidade)
一樓 **yāt láu** andar térreo
休息得好好 **yāu sīk dāk hóu hóu** descansado
休息室 **yāu sīk sāt** sala de descanso
油 **yàuh** óleo
遊蕩者 **àuh dong jé** preguiçoso
郵寄 **yàuh gei** enviar por correio
郵件 **yàuh gín** correspondência
郵局 **yàuh gúk** agência dos correios
遊戲 **yàuh hei** jogo
遊戲圍欄 **yàuh hei wàih làahn** chiqueirinho
遊覽 **yàuh láahm** excursão
遊覽勝地 **yàuh láahm sing deih** atração (local)
遊樂園 **yàuh lohk yùhn** parque de diversões
郵票 **yàuh piu** selo (correio)
游水 **yàuh séui** nadar
郵箱 **yàuh sēung** caixa de correio
猶太教堂 **yàuh taai gaau tóng** sinagoga
猶太食品 **yàuh taai sihk bán** comida kosher
有趣 **yáuh cheui** interessante
有空房 **yáuh hūng fóng** quarto vago

有咗 yáuh jó grávida
有早餐嘅酒店 yáuh jóu chāan ge jáu dim alojamento com café da manhã (*bed and breakfast*)
有吸引力嘅 yáuh kāp yáhn lihk ge atrativo
有遠見 yáuh yúhn gin visão de longo prazo
野餐區 yéh chāan kēui área de piquenique
夜 yeh noite
夜總會 yeh júng wúi clube noturno
夜晚 yeh noite
藥房 yeuhk fòhng farmácia
藥膏 yeuhk gōu creme (pomada)
弱視者 yeuhk sih jé portador de deficiência visual
藥丸 yeuhk yún comprimido (remédio)
羊毛 yèuhng mòuh lā
氧氣治療 yéuhng hei jih lìuh tratamento com oxigênio
約 yeuk compromisso
衣物 yī maht vestuário
衣物櫃 yī maht armário de roupas
醫生 yī sāng médico
醫藥 yī yeuhk remédio
醫院 yī yún hospital
意外 yi ngoih acidente
以前 yíh chìhn antes de

胰島素 yìh dóu sou insulina
兒科醫生 yìh fō yī sāng pediatra
兒童菜單 yìh tùhng choi dāan cardápio infantil
兒童飯量 yìh tùhng faahn leuhng porção para crianças
兒童泳池 yìh tùhng wihng chìh piscina infantil
宜家 yìh gā agora
以後 yíh hauh depois de
耳仔 yíh jái ouvido
耳仔痛 yíh jái tung dor de ouvido
耳筒 yíh túng fone de ouvido
耳環 yíh wáan brincos
嚴肅 yìhm sūk sério
驗光師 yihm gwōng sī oftalmologista
現金 yihn gām dinheiro (em espécie)
營地 yìhng deih parque de campismo
研討會 yìhng tóu wúi seminário
營業時間 yìhng yihp sìh gaan horário comercial
熱 yiht quente (temperatura)
煙 yīn cigarro
煙草零售商 yīn chóu lìhng sauh sēung tabacaria

英鎊 **yīng bóng** libra esterlina (moeda)
英國 **yīng gwok** Inglaterra
英國人 **yīng gwok yàhn** inglês
英文 **yīng màhn** língua inglesa
嬰兒紙巾 **yīng yìh jí gān** lenços umedecidos
影相 **yíng séung** fotografia
影印本 **yíng yan bún** fotocópia
要塞 **yiu choi** forte (fortaleza)
搖籃 **yìuh láam** berço
娛樂 **yùh lohk** entretenimento
雨 **yúh** chuva
乳房 **yúh fòhng** seio (corpo humano)
雨林 **yúh làhm** floresta tropical
雨褸 **yúh lāu** capa de chuva
乳糖過敏 **yúh tòhng gwo máhn** intolerante à lactose
預報 **yuh bou** previsão
預支現金 **yuh jī yìhn gām** adiantamento em dinheiro
遠 **yúhn** longe, distante
圓領 **yùhn léhng** gola redonda
原諒 **yùhn leuhng** perdoar
懸崖 **yùhn ngàaih** falésia
容易 **yùhng yih** fácil
用盡 **yuhng jeuhn** exausto
用信用卡畀錢 **yuhng seun yuhng kāa béi chín** pagar com cartão de crédito
用戶名 **yuhng wuh méng** nome de usuário
月票 **yuht piu** mês
月經 **yuht gīng** período (menstrual)
月臺 **yuht tòīh** plataforma
玉 **yúk** jade

1ª edição setembro de 2016 | **Fonte** Myriad Pro
Papel Offset 75 g/m² | **Impressão e acabamento** Corprint